Für dieses Taschenbuch haben sechsunddreißig Autoren fünfzig Geschichten geschrieben, «Geschichten» im weiteren Sinn: es sind auch Berichte, Dialoge, Briefe. Die meisten sind nur bis fünf Seiten lang, wenige sind etwas länger.

Daß Deutschland nicht in fünfzig kleinen Geschichten darzustellen ist, wußten alle, die an diesem Buch mitgearbeitet haben, von Anfang an. Warum und wozu dieses Buch trotzdem gemacht worden ist, erklärt sein Herausgeber in einem Vorwort, das seinerseits «eine kleine Geschichte» ist.

DEUTSCHLAND IN KLEINEN GESCHICHTEN

Herausgegeben von Hartmut von Hentig

Deutscher
Taschenbuch
Verlag

Originalausgabe
1. Auflage Juli 1995
2. Auflage Oktober 1995
Deutscher Taschenbuch Verlag GmbH & Co. KG, München
Redaktion Langewiesche-Brandt
Copyright bei den Autoren
Umschlaggestaltung: Klaus Meyer
Umschlagfoto (Motiv: Freudenberg bei Siegen):
Christian Brandstätter
Satz: W Design, Höchstädt (Ofr.)
Gesamtherstellung: C. H. Beck, Nördlingen
ISBN 3-423-12036-3. Printed in Germany

Hartmut von Hentig
Vorwort zu «Deutschland in kleinen Geschichten»

Wer ein Buch mit dem Titel «Deutschland in kleinen Geschichten» kauft, möchte schon wissen:

Was heißt hier «Deutschland»? – Das zerklüftete Gebirge seiner Geschichte? Die Fülle und Vielfalt seiner Kulturlandschaften? Eine Versammlung ideologischer Gespenster? Ein amorphes internationales Wirtschaftsgebilde? Ein auslaufendes Muster der europäischen Nationalstaatlichkeit? Deutschland im Wandel oder das unwandelbare Deutschland?

Von wem aus gesehen? – Von der kritischen Intelligenz? Von arglos-freundlichen Laien? Von Experten? (expert wofür?) Von professionellen Image-Verfertigern? Von Wissenschaftlern oder gar von Pädagogen? Von Freunden und Gegnern oder von einem Gesinnungsverein?

In welcher Absicht dargestellt? – Zur Unterhaltung: eine Sammlung von kuriosen Phänomenen? Als Reiseführer für Gebildete, die sich für mehr als die Hotelpreise, die Drei-Sterne-Restaurants, die baulichen Sehenswürdigkeiten interessieren? Als spielerische Übung im freien Assoziieren? Als Versuch systematischer Beobachtung und Analyse? Als Antwort auf die flackernde – sich neu bildende oder auflösende – Identität Deutschlands nach 1989? Als die -zigste deutsche Selbstbeschimpfung? Als Auftakt oder Nachhall einer für notwendig gehaltenen großen Kontroverse?

Der Herausgeber dieses Buches weiß es nicht, nun da es vorliegt. Er mußte, nachdem er es in Gang gesetzt hatte, bald einsehen, daß er über diesen Gang nicht verfügt. Das Buch hat sich verselbständigt – und das fand er am Ende reizvoller als alle eigenen Pläne.

Ursprünglich wollte er etwas Nützlich-Bestimmtes mit

etwas Ästhetisch-Experimentellem verbinden. Als Vorsitzender eines Vereins namens HOPE (*Hilfs-Organisation Perestrojka*), dessen Zweck es ist

«...Aktionen und Projekte insbesondere junger Menschen aus Deutschland zu fördern und, soweit möglich und notwendig, zu organisieren..., die geeignet sind, den Menschen im Gebiet der Gemeinschaft unabhängiger Staaten (GUS) Zuversicht, Mut, Geduld, Rat und Hilfe bei der Verwirklichung der Perestrojka genannten Öffnung und demokratischen Neuordnung der Gesellschaft zu geben»,

hatte er wahrgenommen, daß es in Russland ein großes Bedürfnis nach Auskunft über Deutschland gibt: Wie lebt ihr? Ihr, unsere einstigen Kriegsgegner und Besiegten, nun unsere «Partner»? Ihr Kapitalisten, die ihr nicht Amerikaner und uns – dem russischen Volk und der russischen Regierung – freundlich zugewandt seid? Was sollen wir von euch lernen – und was, nach eurer Ansicht, lieber nicht? Wie erklärt ihr euch anderen? Was sind die euch beschäftigenden Ereignisse, Vorstellungen, Grundbegriffe? Wie steht ihr zu eurer Geschichte?...

So fragen in Russland Studenten, Jung-Manager, Menschen, die nach einer Zukunft ausschauen und die der Gegenwart noch eiliger zu entfliehen trachten als der belasteten und belastenden Vergangenheit.

Ihnen wollte ich ein Buch über das bestaunte, rätselhafte, zwiespältige Deutschland bescheren – kurz, verständlich, nicht bevormundend: etwas, das der Phantasie und der Sorge, dem Nach- und Vorausdenken alle Möglichkeiten offen läßt, das aber von den Tatsachen unseres Lebens ausgeht. Geschichten verbinden diese mit Ideen. Geschichten verlangen, daß der Leser ihrem konkreten Verlauf folgt. Gedanken kann er sich dann selber machen.

Die Geschichten sollten von denen erzählt werden, die es können, den durch die deutsche Wirklichkeit angeregten oder verstörten deutschen Dichtern. Und die Leser sollten zugleich sehen, in welcher Sprache sie das tun: Wie sie wahrnehmen und gestalten – also in einer zweisprachigen Ausgabe, zum Beispiel in der just so genannten Reihe des Deutschen Taschenbuch Verlages.

Das ergab technische und finanzielle Probleme: Wie verkauft ein deutscher (also teurer) Verlag so etwas in einem fremden Land mit weicher und wechselnder Währung und einem einsatzschwachen Buchhandel?

Vor allem aber, so fragte der Verlag zurück: Warum sollten deutsche Leser von diesem Unternehmen entweder ausgeschlossen sein oder unnötigerweise eine russische Übersetzung mitkaufen müssen, die ihnen zu nichts dient?

Es wurde beschlossen: Machen wir erst ein Buch «Deutschland in kleinen Geschichten – für Deutsche» und dann beliebige zweisprachige Ausgaben mit unterschiedlichem Profil, beispielsweise eines mit «Tauroggen» für die Russen, eines mit «Compiègne» für die Franzosen, eines mit «Monte Cassino» für die Italiener. Die Honorare der deutschen Ausgabe werden zur Subventionierung der zweisprachigen Ausgaben verwendet, deren Verteilung im Osten – so steht zu hoffen – von den sogenannten Mittlerorganisationen (Goethe Institut, Inter Nationes), Paten- und Partnerstädten, Stiftungen und Vereinen wie HOPE übernommen wird.

Der Herausgeber hat annähernd achtzig Autoren – nicht nur Dichter im engeren Sinn – um Beiträge gebeten. Diesen wurde eine Liste von Stichwörtern vorgegeben – zu «typisch deutschen» Gegenständen, deutschen Glanzpunkten und deutschen Streitpunkten –, unter denen sie zwei zur Behandlung auswählen konnten. Ein drittes Stichwort durften sie im Geiste der Vorgabe hinzuerfinden und ihre Priorität unter den drei Themen angeben. Nach Eingang aller «claims» hat der Herausgeber versucht, eine sachdienliche und gerechte Verteilung vorzunehmen. Man hat seine Entscheidung durchweg und ohne vernehmliches Murren hingenommen.

Hingenommen, aber nicht immer eingehalten hat man die beiden anderen Auflagen: es solle sich erstens nicht um Abhandlungen, sondern um Geschichten handeln, jedenfalls um Texte mit erzählenden Passagen, die das im Stichwort Gemeinte buchstäblich vors Auge stellen, nicht nur vor den Verstand; es sollte zweitens eine mittlere Länge von zwei Druckseiten nicht überschritten werden.

Wenn ein Dichter einen «deutschen» Gegenstand – sagen wir «Nibelungentreue» oder «Die Deutsche Mark» oder «Luther» – in seinen Text verwandelt, wird selten genau das herauskommen, was sich der Herausgeber bei der Aufstellung der Themen- oder Stichwortliste gedacht hat. Die gesamte Konfiguration des Buches verändert sich jedoch, wenn «Goethe» nicht als der deutsche Dichterfürst, sondern als Anlaß für die Wahrnehmung einer Generationenkluft vorkommt, «Stalingrad» nicht die Wende des zweiten Weltkrieges behandelt, sondern die Unmöglichkeit, das erfahrene Grauen wiederzugeben, der «Deutsche Michel» nicht diesen biedermännischen Prototyp, sondern die Erinnerung an einen norddeutschen Gymnasiallehrer vor sechzig Jahren vorstellt. Was wird am Ende stehengeblieben sein von den *specifica Germanica*? Nun, das Spezifischste, das hierzu überhaupt möglich ist: eine Spiegelung des vermeintlich Deutschen in der Wahrnehmungs-, Deutungs- und Steigerungskraft derer, die heute in Deutschland schreiben und die damit ihrerseits immer schon jene Vermeintlichkeit mit herstellen – oder auch zerstören.

Das Buch – einmal angestoßen – hat sich selbst hervorgebracht. Der Herausgeber konnte und wollte nichts mehr hinzufügen; die Ordnung ist bewußt aleatorisch, also keine Ordnung; genauer: die Texte stehen in der Reihenfolge, in der mir die Einfälle für die erste Liste gekommen sind; die von den Autoren erdachten Überschriften behaupten sich gegen das als Kolumnentitel hinzugefügte «Stichwort», unter dem der Text entstanden ist; die Stile, Auffassungen, Mitteilungsabsichten verschränken sich nicht oder nur zufällig; das Buch kann von anderen Autoren nicht so, könnte von denselben freilich auch ganz anders geschrieben werden – es wäre dann trotzdem ein Buch über Deutschland heute in kleinen Geschichten und machte auf seine Weise nachdenklich.

Alle eingangs gestellten Fragen stellen sich am Ende neu. «Eine schöne Bescherung!» – aufschlußreich auch dann, wenn man diesen Ausruf in seiner ärgerlichen Bedeutung meint.

Ich danke Sten Nadolny für seinen Rat und seine freundschaftliche Hilfe bei der Redaktionsarbeit.

Hugo Th. Vittermann
Der Volkswagen

Die Deutschen wissen – sofern sie auch Leser sind – von Christian Morgenstern, daß der Mond ein «deutscher Gegenstand» ist, gibt er doch durch seine jeweilige Wölbung «auf deutsch» zu erkennen, ob er zu- oder abnimmt. Ausländer mögen da andere Vorstellungen haben, und fragte man sie, was sie für einen typisch «deutschen Gegenstand» halten, sehr viele unter ihnen dürften sagen: «Na, der Volkswagen, zum Beispiel!» Sie meinen natürlich den «Käfer», den sie auch in ihren verschiedenen Sprachen so nennen, und sie meinen es gut mit uns, wenn sie so antworten. Sie könnten ja auch sagen: das KZ oder Gummibärchen oder das Ladenschlußgesetz. Sie haben, wie die meisten Deutschen, vergessen, daß der «VW» von Hitler und seinen Technikern erfunden worden ist – zur Beglückung des deutschen Volkes, woraus dann die Motorisierung des deutschen Volksheeres wurde. 999 Reichsmark sollte er den VW-Sparer kosten, der durch diese Vorauszahlung zugleich Arbeitsplätze schuf, ja eine ganze Stadt von Automobilbaumeistern.

Ich wohnte in Berlin, als man 1938 die ersten Modelle in den Ausstellungsräumen und auf öffentlichen Plätzen betrachten konnte. Schön fand ich den VW nicht; meinen Autogeschmack hatte ich an den aristokratischen Mustern von Horch, Maybach und Mercedes gebildet, die entschlossen zu sein schienen, sich nie und nimmer zu ändern – darin übrigens dem amerikanischen Vorgänger des Käfers verwandt: Das *Model T* von Ford war funktional, zeitlos, klassisch. Einfachheit und die bewußt zur Schau getragene Entbehrlichkeit von allem Phantastischen – das war seine Eleganz, als die anderen amerikanischen Autos die Stromlinie zu entdecken begannen

und ihre Designer sich vornehmlich als Verhüllungs-
künstler und Modernitätserfinder betätigten.

Der Kontrast war reizvoll – der Ausgang des Wett-
bewerbs der Gestaltungsprinzipien jedenfalls für Europa
noch unentschieden, als der Käfer auf den Plan trat und
– die gegenwärtige Moderne überspringend – gleich mit
der Zukunft begann. Es war das erste normale Auto
(Rennwagen folgen da anderen Gesetzen!), das sich eher
an Raketen als an Kutschen orientierte – und das gleich
«für dich und für mich», nicht nur für Anny Ondra
oder Harry Piel. Ja, für den VW oder jedenfalls mit ihm
wurden das künstliche Benzin und der künstliche Gum-
mi (das Buna) erfunden!

Noch war die Produktion der Zivilfahrzeuge nicht
angelaufen, da nahm der Krieg den Käfer als staksigen
Kübelwagen in seinen Dienst. Er war Hitlers eigentliche
Wunderwaffe, weil der so einfach konstruierte luft-
gekühlte Heckmotor gleich gut in den Sandwüsten Afri-
kas wie in den Eis- und Schlammwüsten Russlands
funktionierte; drei Mann genügten, um ihn aus jedem
Graben wieder auf die Straße zu setzen; zwei Personen
brachten ihn in Gang, wenn die Batterie ausgesetzt hatte; jeder Laie mit sagen wir zwei Jahren Physikunterricht
konnte den Motor – nach einiger Betrachtung – durch-
schauen und reparieren.

In den Härten des Krieges solchermaßen erprobt wurde
der VW nach diesem zum Symbol des wirtschaftlichen
Aufstiegs Deutschlands. Im Sommer 1953 sah ich auf
dem Campus der University of Chicago den ersten
Nachkriegskäfer – ein winziges Insekt zwischen den
großen amerikanischen Schlachtschiffen, ein Anlaß zu
sorglicher Rücksicht («Watch your step!»), ein Objekt
amüsierter Neugier, ein Aha-Erlebnis: Small is beauti-
ful – mit seinen nur 4,20 m Länge überall mühelos zu
parken!

Zehn Jahre später hatte der VW – der Wiedabbelju – wenn nicht den amerikanischen Markt so doch die amerikanische Phantasie und Sympathie erobert. Und was für wunderbare Reklamen ließen sich für den Käfer machen! Als in den 60er Jahren die großen Städte unter akutem Wassermangel litten, las – und sah! – man auf den riesigen Wandplakaten New Yorks: «Spare Wasser, dusche mit deiner Freundin – und fahre VW!» Als ich die USA in den 70er Jahren besuchte, ging – in einem Land, in dem man in der Regel alle drei Jahre einen neuen Wagen kaufte, weil der alte ausgedient hatte – der Satz um: «Wie lange ein VW leben kann, weiß noch keiner!» Und als auch das letzte amerikanische Auto zur automatischen Gangschaltung übergegangen war, verkündete ein Riesenposter, auf dem VWs auf 30 cm geschrumpfter Kupplungshebel abgebildet war: «It needs you – VW».

Und wie er mich brauchte! Meinen ersten eigenen Käfer kaufte ich im Jahre 1959. Er war tomatensuppenrot (im Katalog: Indiana-rot), kostete neu etwa 3000 DM, hatte ein Schiebedach und wurde von mir vornehmlich für Wochenend- und Ferienreisen benutzt. Da lernte ich die tückische Abhängigkeit, nein, nicht des VW, sondern *meines* VW von mir kennen – beim Herunterschalten auf den nächst niedrigen Gang mit Hilfe von «Zwischengas». Wenn ich dies nicht auf die allereinfühlsamste Weise eingab, reagierte er mit hysterischen Geräuschen; die Mitfahrer mokierten sich; und ich räsonierte inwendig: It shouldn't need me! Das um so weniger, als ich inzwischen Besitzer einer VW-Aktie geworden war – und obendrein dankbarer Nutznießer der bei der Privatisierung des VW-Konzerns entstandenen Volkswagenstiftung. Diese hatte es sich zur Aufgabe gemacht, wissenschaftlichen, technischen und gesellschaftlichen Fortschritt außerhalb der staatlichen

Zuständigkeiten und privaten Einzelinitiativen zu fördern. Aber wieder war mein Räsonement falsch, denn war nicht die VW-Stiftung gerade das, was mir Mühe machte: die Angleichung unterschiedlicher Umlaufgeschwindigkeiten durch Einsatz von «Zwischengas»!?

Was immer der VW brauchte, Deutschland brauchte den VW! Am 17. 2. 1972 überholte er das erwähnte *Model T* von Ford. Der Käfer war mit über 15 Millionen Exemplaren das erfolgreichste Auto der Welt – so erfolgreich, daß der VW-Konzern einen Teil seiner Produktion in das größte Abnehmerland, die USA, verlegte. Nach weiteren zehn Jahren wurde der Käfer nur noch in Brasilien und Mexiko gebaut; das Volkswagenwerk war zu anderen Modellen übergegangen. Liebhaber des Käfers, die es in Deutschland noch gibt, müssen ihn von jenseits des Atlantik zurückimportieren – umgerüstet, so daß er den hiesigen Sicherheitsvorschriften entspricht. Auf diese Weise ist er einer der teuersten Wagen in seiner Klasse. Aber wir sind ja auch nicht mehr «Volk», wir sind eine Bevölkerung – die mit dem höchsten Pro-Kopf-Einkommen der Welt nach Kuwait. Wir können uns die Käfer-Liebe leisten. Und ist nicht die Unbequemlichkeit eines Autos ein Ausweis für sportliche Gesinnung seines Besitzers? – fragt mal die VW-Fans!

Friedrich Christian Delius
Die Mauer

Nichts hat die Trennung zwischen Ost und West und den beiden Deutschländern so symbolisiert wie die Grenzanlagen, die vom 13. August 1961 an von der DDR errichtet und vereinfacht «Die Mauer» genannt wurden. Das Bauwerk, das die Flucht der Menschen aus der DDR auf die «Insel» Berlin-West verhindern sollte, wurde zu einem Fixpunkt der internationalen Politik. Es erfüllte achtundzwanzig Jahre lang seinen Zweck. Nachdem in den fünfziger Jahren und bis zum 12. August 1961 etwa zweieinhalb Millionen Menschen, oft gut qualifizierte Arbeitskräfte, vor den staatlichen Repressalien davongelaufen waren (andererseits angezogen von der Prosperität der Bundesrepublik), waren nun die Zugänge ins westliche Berlin gesperrt.

Trotz der Aufteilung der Stadt durch die Alliierten, trotz der Grenze zwischen den amerikanischen, britischen, französischen Sektoren einerseits und dem sowjetischen andererseits war Berlin bis 1961 immer noch eine Einheit geblieben: Familien in Ost und West konnten sich besuchen, obwohl das von der DDR nicht gern gesehen wurde, Leute aus dem Westteil arbeiteten im Osten und umgekehrt, Verkehrsnetz, Stromnetz, Kanalisation usw. waren verbunden. Niemand hatte eine Vorstellung davon, wie man eine Millionenstadt trennen, ihre Infrastruktur zerstören, Familien auseinanderreißen könnte. Aber all das gelang von einem Tag auf den andern. In den ersten Wochen konnten mutige Leute die noch niedrige Mauer an einigen Stellen überwinden, aber dann wurden auch Fenster und Türen der grenznahen Häuser zugemauert, Kanalisationsrohre mit Elektrodraht versperrt, Beobachtungstürme gebaut und alle Hindernisse immer weiter vervollkommnet. Nun konnte man nur unter Lebensgefahr die DDR verlassen, und es folgten, vor allem in den sechziger Jahren, viele dramatische Fluchtgeschichten, die meistens mit Schüssen, oft mit Toten und selten glücklich endeten.

Mit den Jahren wurden die «Grenzsicherungsanlagen» an der innerdeutschen Grenze ausgebaut, am perfektesten die 165 km lange Mauer rund um das westliche Berlin. Auf einer Länge von 106 km bestand dieser Grenzring aus 3,5 m hohen Mauerplatten mit Rohrauflage, auf einer Länge von 59 km aus metallgestanzten Gitterzäunen. Auf 260 Beobachtungstürmen hielten mindestens je zwei Soldaten Tag und Nacht Wache. Die Türme waren durch eine asphaltierte Straße verbunden, die im Innern des Grenzstreifens verlief. Rechts und links dieser Straße waren unter Sandwegen Stolperdrähte verborgen, die bei Berührung Leuchtkugeln auslösten. Wenn ein Flüchtling diesen Grenzstreifen erreichte, standen Jeeps der Grenztruppen bereit und Hunde, die an 267 Hundelaufanlagen im Einsatz waren. Der Zutritt zum Grenzstreifen wurde von Osten, wo keine Häuser den Weg versperrten, zusätzlich durch eine innere Mauer erschwert, die parallel zur äußeren verlief. Am Fuß der inneren Mauer waren Bretter mit 12 cm langen Stahlnägeln ausgelegt, die jeden Springenden schon hier festgehalten hätten.

Für den Westen war die Mauer das anschaulichste Beispiel für die Unmenschlichkeit des Kommunismus, des Sozialismus, des «Ostblocks». Sie wurde zum Wallfahrtsort für Politiker aus aller Welt – auch auf der östlichen Seite. Anfangs hatten in der DDR manche gehofft, die Mauer werde eine liberalere Politik erlauben, weil sie den Machthabern die Angst nehmen mußte, daß ihnen noch mehr Menschen davonliefen. Aber man täuschte sich. Ulbricht und Honecker wollten von der Propaganda-Lüge des «Antiimperialistischen Schutzwalls» gegen den aggressiven Westen ebenso wenig lassen wie von den Repressionen. So verstärkte die Mauer bei der DDR-Bevölkerung das Gefühl, eingesperrt und Eigentum ihres ungeliebten Staates zu sein.

Unzählig die Dramen auf beiden Seiten der Mauer, Dramen der Flucht, der Trennung. Die Mauer wurde Gegenstand der Literatur, des Films, der Malerei, der Witze. Mit der «neuen Ostpolitik» Willy Brandts wurde sie Ziel der westlichen Politik: Da sie nicht zu beseitigen war, sollte sie wenigstens durch Reiseerleichterungen unterwandert werden. In den sechziger Jahren durften zunächst nur Bundesbürger nach Ost-Berlin einreisen, Mitte der siebziger Jahre konnten mehr und mehr DDR-Bürger in den Westen reisen. Auf mehr als Erleichterungen für die DDR-Bewohner wagte man im Westen nicht zu hoffen. Man richtete sich darauf ein, im Schatten der Mauer zu leben. Im westlichen Berlin profitierte man von ihr, nicht nur der Touristen wegen. Hohe Subventionen flossen in das «Schaufenster des Westens», das sich möglichst bunt und reich gegen den grauen Mauerstaat abheben sollte. Gleichzeitig verhalf die Mauer dem Westen zu einer allzu einfachen politischen Moral. Man wußte immer, wo der Feind stand. Man war «frei», im Gegensatz zu denen, die «eingesperrt» waren. Es gab ein Entweder-Oder, sichere Bahnen, in denen man denken konnte. Hinter der Mauer fing eine andere Welt an, mit der man sich, da sie diktatorisch und unsympathisch war, nicht näher befassen mußte.

Wenn also jemand in den achtziger Jahren die Mauer gebraucht hat, dann die Mehrheit der Westdeutschen. Sie haben kaum bemerkt, daß die Mehrheit der DDR-Bevölkerung per Fernsehen und Konsumgütern aus dem Intershop täglich über die Mauer sprang und unter nichts so gelitten hat wie unter der Einsperrung.

So überraschend wie der Bau kam der Fall der Mauer

im November 1989. Die Glückstränen über die Befreiung waren echt, in Ost und West. Zehntausende zerschlugen den Mauerbeton. Hastig hat man die Reste abgerissen, Berlin hat seine größte Attraktion verloren, und heute fragen die wenigen Touristen, die noch kommen: Wo ist sie denn nun, die Mauer? Es gibt sie noch, unsichtbar als «Mauer im Kopf» der Deutschen. Aber auch da wird sie schwinden, und das bekannteste Ostprodukt wird bald nur noch im Museum und in Geschichtsbüchern zu besichtigen sein.

Ludwig Harig
Im großen dicken Wald

Immer ist es mir ein bißchen eigenartig zumute, wenn ich das Wort Wald ausspreche – und dabei ist mir der altvertraute natürliche Bezirk, der mit diesem Wort benannt wird, nie fremd oder gar bedrohlich erschienen. Tagtäglich gehen wir im Wald spazieren, mal am Rastplatz vorbei über die Kuppe der Staffel, wo sich in der Tiefe der Senke die Wege verzweigen, ein andermal ins Netzbachtal an den Weihern entlang, auf denen es vor ein paar Jahren noch ein Schwanenpaar gab. Und immer sind wir zu zweit, seit vierzig, fünfzig Jahren; wenn wir uns als Kinder gekannt hätten, wären wir bestimmt erst wie Brüderchen und Schwesterchen und dann wie Jorinde und Joringel durch den Wald gegangen. Hand in Hand über Stock und Stein auf die guten Feen vertrauend und zugleich mit einem leichten Zittern in der Brust. Denn damals in der Kinderzeit lebte im Wald noch die alte Hexe, die das Wasser der Quellen und sogar die unschuldigen Kinder verzaubern konnte mit ihrem goldenen Stab. Auch wenn wir heute nicht mehr fürchten müssen, daß es Brigitte wie Jorinde ergeht, die vor der Mauer des alten Waldschlosses von einem Augenblick auf den anderen zur Nachtigall wurde, und mir wie dem Brüderchen, das aus der verwunschenen Quelle trank und sich in ein Rehkälbchen verwandelte – so bleibt mir der Wald nach wie vor ein rätselhafter Bezirk, auch wenn das Lexikon mir weismachen will, der Wald sei nichts anderes als jede größere, mit frei wachsenden, auch gesäten oder gepflanzten Bäumen bestandene Bodenfläche.

Vergebens sucht man im Märchen nach besonderen Eigenschaften des deutschen Waldes, er sei groß und dick, heißt es nur, aber an schönen Abenden scheine die Sonne zwischen den Stämmen der Bäume hell ins dunkle Grün.

Jedermann riecht hinter den Wörtern aller Märchenerzähler den Duft des Harzes der Tannenbäume und hört das geheimnisvolle Rauschen der grünen Eichblätter. «Trunken bewegte ich mich durch die deutsche Landschaft», schreibt der australische Schriftsteller Patrick White, er beschwört das fiebernde Grüner-als-Grün, das so oft einen Modergeruch verströme, das Schwarzgrün der Nadelwälder, das Fahlgrün der Kiefernhaine. Trotz seines einleuchtenden Nutzens für Holz- und Wasserwirtschaft und wer weiß welcher Qualitäten zum Schutz der Umwelt: Es ist jenes untergründige Wesen des Waldes, das den Spaziergänger vom Wirbel bis zur Zehe verzaubert.

Wir bahnen uns mühsam den Weg durchs Gestrüpp einer Schneise, die im letzten Winter geschlagen wurde. Über Frühjahr und Sommer ist sie wieder zusammengewachsen, ein Feldhase hat sich ein Lager unter den liegengebliebenen Zweigen gebaut und eine Familie gegründet, Elstern fliegen über die Lichtung, abends tritt ein Fuchs an den Waldrand, verharrt ein paar Atemzüge und schnürt dann mit gespitzten Ohren über die Schneise hinweg. Spaziergänger, mit sich balgenden Hunden an der Leine, begegnen uns am Rande des Hochwalds. Krähen kreisen über dem benachbarten Feld und drohen den Hunden mit heiserer Stimme.

Stirbt der Wald? Während wir darin spazierengehen, sitzt der Förster am Schreibtisch und analysiert seine besorgniserregenden Statistiken, beugen sich die Grünen über seine Papiere und beklagen den vorhergesagten Tod der ganzen Natur. Das Geschrei ist groß. Hunde und Krähen stimmen mit ein, aber ihr Lamentieren gilt nicht dem sterbenden Wald.

Einmal im Altweibersommer, es ist nicht lange her, hat uns ein sonderbarer Lärm aus dem Wald überrascht. Es war schon später Nachmittag, wir kamen den hochgelegenen Römerweg daher, näherten uns dem Dorf, dessen letzte Häuser im Tannenschatten versunken waren. Da tauchte urplötzlich ein mächtiger Palast aus dem Talgrund auf, die Wände aus blankem Kristall, durchdrungen vom Licht der Sonne, die hinter dem durchsichtigen Gebäude goldrot am Himmel stand. Aus dem Wald, der den weiten Talgrund überzieht, drang Hundegebell, das wie Gekreisch von streitenden Krähen klang, oder war es ein Krähengekrächz von zankenden Hunden? Wir blieben stehen und lauschten, aber wir konnten nicht unterscheiden, ob Krähen oder Hunde lärmten. Nun warf die Sonne einen letzten Strahl durch den Waldpalast – und im selben Moment schrumpfte dieser vor unseren Augen zusammen, bis er nur noch das Treibhaus der Gärtnerei war, das dort auf der Höhe liegt.

Preisen wir den Sonnenstrahl, der hin und wieder auf das Dach der Gärtnerei und dahinter ins dunkle Grün der Bäume fällt! Gäbe es ihn nicht, der die verborgenen Tiefen durchleuchtet und mit liebkosenden Rosenfingern alle verhexten Geschöpfe zum wirklichen Leben erweckt, erlägen wir allzu oft der Zauberkraft aus dem unergründlichen Dunkel, wohinein jahraus, jahrein kein Lichtschein trifft. Dort wo die Hexe haust, die nur mit ihrem Zauberstab zu rütteln braucht, und schon sind die eben erwachten Hunde des Gärtners in Wölfe und die Krähen über dem Feld wieder in Raben verwandelt. Fiebrigen Blutes harren sie ihrer Erlösung. In ihren Leibern schlagen Menschenherzen.

Knut Borchardt
Die D-Mark

Die Gründung der Bundesrepublik Deutschland, des westdeutschen Teilstaates, mochte 1948/49 eine politische Notwendigkeit sein, begeistert hat sie niemanden. Und so hat denn auch über viele Jahre hinweg keiner einen Anlaß gesehen, an einem bestimmten Tag im Jahr in feierlicher Form der Staatsgründung freudig zu gedenken. Erst sehr viel später erinnerten Zeitungen, Rundfunkreden und Flaggenschmuck am 23. Mai jeden Jahres die Bewohner des Landes an die Verkündung des Grundgesetzes im Jahr 1949. Da gab es auch schon «Verfassungspatrioten».

Freilich, eine Art Nationalfeiertag hatten die im Westen lebenden Deutschen schon: den 20. Juni. An diesem Tag, den wohl niemand vergaß, der ihn erlebt hat, ist in Westdeutschland 1948 die Deutsche Mark (DM) eingeführt worden. Am gleichen Tag hat Ludwig Erhard als Direktor der Verwaltung für Wirtschaft in der britischen und amerikanischen Besatzungszone einen großen Teil der zuvor herrschenden Zwangswirtschaft beseitigt und den Durchbruch in Richtung Marktwirtschaft vollzogen. Die Währungs- und Wirtschaftsreform war *die* Zäsur in der deutschen Nachkriegsgeschichte, auch weil sie die mit der Bildung der Besatzungszonen 1945 begonnene Teilung Deutschlands zu vollenden schien. Kurz nach der Währungsreform im Westen führte die sowjetische Besatzungsmacht im Osten die «Deutsche Mark der Deutschen Notenbank», die DM-Ost, ein.

Aber was für Wunder erlebten die Hungrigen und Zermürbten im Westen schon am 21. Juni, als sie in den Läden auf einmal lauter Waren sahen, von denen sie Jahre lang nur geträumt hatten. Man konnte alles kaufen, falls man DM hatte. Und welche Kette von freudigen Überraschungen sollte sich noch anreihen. Für sie gab es bald einen Namen: das «deutsche Wirtschaftswunder». Was später von Wissenschaftlern Kritisches über Ursachen, Durchführung und Bedeutung der Währungs- und Wirtschaftsreform gesagt werden sollte, lag für die, die das erlebt hatten, weit neben der Sache: Für sie war der 20. Juni 1948 der Startpunkt zu neuem Lebensglück. Er war lange Zeit der eigentliche Verfassungstag der Westdeutschen, zumal sich D-Mark und (soziale) Marktwirtschaft über mehr als eine Generation hinweg als stabiles Fundament für eine friedlich-prosperierende Gesellschaft erwiesen.

Zuvor hatten die Deutschen ganz andere Erfahrungen gemacht. Im Grunde hat es seit 1914, dem Beginn des Ersten Weltkriegs, bis 1948 keine fünf Jahre gegeben, in denen sie sich über die Währung keine Sorge hätten machen müssen. Von 1914 bis 1923 gab es einen langanhaltenden Inflationsprozeß, weil der Staat um höchster Ziele willen (erst in der Absicht, den Krieg zu gewinnen, dann um den Weimarer Staat gegen Bedrohungen von Links und Rechts und von seiten der Siegermächte zu stabilisieren) immense Mengen Geldes in den Umlauf pumpte. Nach einer wahnwitzigen Hyperinflation 1922/23 war das Geldwesen völlig zerrüttet. 4.200.000.000 Mark mußte am Ende bezahlen, wer einen US-Dollar haben wollte. Einkommen, Vermögen, Status, Moral der Bevölkerung waren heillos durcheinander geraten. Diese entsetzliche Unordnung hat sich den Deutschen in das kollektive Gedächtnis eingeprägt. Später konnte bei den kleinsten Gelegenheiten Inflationsangst aufkommen.

Die anschließende Erholung war viel zu kurz, als daß die Wunden hätten ausheilen können. Und in der schon 1929 folgenden Weltwirtschaftskrise bekamen die Deutschen eine fürchterliche Bestätigung dessen, was viele schon lange wußten: daß ihr Staatswesen, die Weimarer Republik, noch immer nicht fest genug gezimmert war, um eine tiefe Krise zu überstehen. Weimar ist vornehmlich daran zerbrochen, daß es kein «Wirtschaftswunder», rasches Wachstum bei relativ stabilem Geldwert, erfahren hat.

Hitler hat solches dann versprochen und schien es zunächst auch einzulösen. Die Deutschen haben es ihm mehr oder weniger begeistert gedankt. Aber die NS-Führung hat schon früh gemogelt und noch in Friedenszeiten begonnen, ihre politischen Ziele, insbesondere die Kriegsvorbereitung, inflatorisch zu finanzieren. Die Menschen merkten es erst später, weil der Staat mehr und mehr den Markt ausschaltete und insbesondere Erhöhungen von Preisen und Löhnen verbot, wenn die Behörden sie nicht ausdrücklich genehmigten, was selten geschah. Weil aber die Geldmenge ständig weiter stieg, entwickelte sich das, was man eine «zurückgestaute Inflation» nennt.

Am Ende des Zweiten Weltkriegs 1945 gab es einen ungeheuren Geld- oder Kaufkraftüberhang, d. h. einen Bestand an Geld, dem nur ganz wenig Waren gegenüberstanden. Die meisten Waren wurden seit Jahren staatlich bewirtschaftet, den Verbrauchern in Rationen zugeteilt. Die Besatzungsmächte haben daran nach Kriegsende nichts geändert, nur wurden die Rationen immer kleiner. Auf den verbotenen, aber nicht mehr so entschieden wie zuvor unterdrückten «schwarzen Märkten» lagen die Preise haushoch über den amtlichen. Da konnte man sehen, daß man auch mit großen Geldsummen wieder einmal arm war. Es waren die westlichen Alliierten, die am 20. Juni 1948 den Bewohnern ihrer drei Besatzungszonen die neue Währung, die DM, in des Wortes wahrer Bedeutung brachten: die Geldscheine sind in den USA gedruckt worden. Den Kaufkraftüberhang beseitigten die Militärregierungen dadurch radikal, daß sie alle Staatsschulden strichen und das sonstige Reichsmark-Geldvermögen nur im Verhältnis von 10 : 1 oder weniger in DM-Geldvermögen umtauschen ließen. Löhne, Gehälter, Mieten, amtliche Preise wurden 1 : 1 umgestellt. Insofern schloß die DM an die RM an. Es waren auch die Alliierten, die die «Bank deutscher Länder», die spätere «Deutsche Bundesbank», errichtet haben. Diese sollte von nun an über das Geld und seinen Wert wachen, unabhängig von deutschen Regierungsstellen (zu Beginn allerdings nicht unabhängig von den Alliierten). Und es waren ebenfalls die Alliierten, die 1949 den Wechselkurs der DM gegenüber dem US-Dollar auf 4,20 festlegten. Es gab damals noch viele Deutsche, die sich erinnerten, genau mit diesem Kurs im Kaiserreich und nach der Stabilisierung der deutschen Währung 1923/24 gerechnet zu haben. Das gab der neuen Mark zusätzlich den Anschein von Solidität.

Die folgenden Jahrzehnte der Wirtschafts- und Währungspolitik in der Bundesrepublik und der übrigen Welt haben dafür gesorgt, daß die DM den Deutschen anhaltend weit mehr war, als andere Währungen ihren Nationen sind. Die «Währungshüter» der Deutschen Bundesbank genossen ein enormes Ansehen. Kein Politiker durfte wagen, die Kompetenz der Zentralbankiers grundsätzlich in Zweifel zu ziehen, ihre Maßnahmen öffentlich zu tadeln. Selbst Konrad Adenauer, der dies einmal getan hat, kam nur mit Schaden davon.

Dabei hat es die immer wieder beschworene «Stabilität» des Preisniveaus in der Bundesrepublik nie gegeben. Im Durchschnitt stieg das Preisniveau zwischen 1948 und 1994 jährlich um 2,9 %. Aber im Vergleich mit den meisten Währungen der Welt ist dies ein stolzes Ergebnis. Schon als die Bundesrepublik in der Außenpolitik erst zögernde Schritte tun konnte (durfte), ist sie außenwirtschaftlich in den Kreis der größten Mächte aufgestiegen. Der einst so präpotente Dollar hat gegenüber der DM zwei Drittel seines Wertes (von 1950) verloren, das britische Pfund gar vier Fünftel.

Zunehmend konnte man im Ausland dann Stimmen hören, daß die DM wegen ihrer die eigenen Kreise störenden Tugendhaftigkeit unheimlich geworden sei. Tatsächlich müssen sich seit längerem die meisten europäischen Notenbanken «nach uns», der DM richten. Etliche tun es übrigens gern, weil sie einen solchen relativ verläßlichen «Anker» schätzen.

1990 gehörte die einst Westdeutschland und Ostdeutschland trennende DM auch zu den einheitstiftenden Attraktionen der Bundesrepublik. Manche sagen, sie sei die entscheidende gewesen – was traurig wäre. Aber der Ruf «Wenn die DM nicht zu uns kommt, kommen wir zur DM» ist gewiß noch in aller Ohren, auch wenn wir jetzt wissen, daß der rasche Übergang zur Währungseinheit nicht kostenlos war, um das mindeste zu sagen.

Doch nun steht den vereinigten Deutschen ein weiterer Integrationsschritt bevor. In wenigen Jahren soll, glaubt man an Planungen, das Ende der DM gekommen sein. Sie wäre dann vielleicht gerade fünfzig Jahre alt geworden. Viele der Partner im europäischen Ausland verstehen die Weinerlichkeit nicht, mit der die Deutschen, groß und klein, dem Ende der DM entgegensehen. Aber sie ist eben für die Deutschen mehr als ein wirtschaftstechnisches Hilfsmittel. Sie war und ist etwas, worauf man stolz sein kann. Und es gibt nicht viel im zwanzigsten Jahrhundert, worauf die Deutschen stolz sein dürfen.

Elisabeth Borchers
Nachkriegssommer

So gib mir auch die Zeiten wieder ... läßt der Dichter
einen Mann sagen, der selber ein Dichter ist und von einem anderen, der ein Theaterdirektor ist, aufgefordert
wird, ein Stück zu schreiben, das der Menge behagt, in
dem vieles geschehen muß, denn erst wenn *die Menge
staunend gaffen kann,* werde er *ein vielgeliebter Mann.*
  Faust. Eine Tragödie. Vorspiel auf dem Theater. Direktor / Theaterdichter / Lustige Person. Ich zitiere aus einer Vorkriegsauflage der Reclam-Ausgabe, die mit Lese-
spuren, mit handschriftlichen Kommentaren versehen,
alles in allem, den Krieg heil überstand und in einem
Koffer mit Habseligkeiten übrigblieb von einem Vater,
der ihn nicht überstanden hatte. Faust demnach in der
Rocktasche eines Hauptmanns der Reserve, der in Frankreich war, dann Rußland, dann Westfront, und Ende.
Faust und Krieg. Zum wiederholten Male sieht man:
Der Mensch braucht ein Buch. Ein Buch, in dem er mit
blauer Tinte Unterstreichungen, Kommentare vornehmen kann, um sich selbst zu entdecken.
  Und ich, neunzehnjährig, in einem Nachkriegssommer, auf der Terasse einer von französischer Besatzungsmacht für den Service Forestier requirierten Villa, lese
in der Mittagspause im Faust meines Vaters, gedenke
seiner und überlege, was ihn bewogen haben mag, dies
und das zu unterstreichen, mit Ausrufezeichen zu versehen. *Was* hat er gedacht, und *wo* hat er gedacht. Ich
verstehe so vieles nicht. Der Sommer um mich her hat
alles besetzt, Wiesen, Beete, Busch und Baum; das
Überleben ist selbstverständlich geworden wie die Wohl-
gerüche des Sommers; man fühlt sich, hungrig zwar,
wieder heimisch.
  Wo ist der Nebel, wo das Werden, wenn ich seit neun-

zehn Jahren bin? *(Wer fertig ist, dem ist nichts recht zu machen, / Ein Werdender wird immer dankbar sein.)*

Kaum hat der Theaterdichter mit emphatischer Stimme und Geste ausgerufen: *Gib meine Jugend mir zurück!*, schon antwortet die Lustige Person: *Der Jugend, guter Freund, bedarfst du allenfalls, / Wenn dich in Schlachten Feinde drängen, / Wenn mit Gewalt an deinen Hals / Sich allerliebste Mädchen hängen* . . . Das leuchtet ein, der tapfere Soldat, der umschmeichelte Liebhaber.

Welcher Haß ist gemeint, welche Liebe? Welches Wunder verspricht mir die Knospe, diese Rose dort, in dunkelrotem Samt, eine unter hundert erblühten, von Bienen umschwärmten?

Nein, ich verstehe dich nicht. Eine andere Generation. Neunundvierzig warst du alt. Was ist in den uns trennenden dreißig Jahren geschehen, daß du dich in mein Alter zurückwünschst, in dem mir auch nicht traumhalber in den Sinn käme, die *tausend Blumen* zu brechen, *die alle Täler reichlich füllen.* Was ist geschehen, daß du dich einem schwärmerischen Poeten angepaßt hast?

Meinem Vater zuliebe suche ich ein Stück vom Faust, um es auswendig zu lernen, ihn so zu ehren, wenn auch ohne Verständnis; weil es sonst nichts mehr zu tun gibt, lerne ich laut vor mich hin, während Monsieur und Madame Blaziot Siesta halten hinter heruntergelassenen Rolläden, die Sieger. Da schwelgt ein Poet. *(Wenn Phantasie sich sonst mit kühnem Flug / Und hoffnungsvoll zum Ewigen erweitert, / So ist ein kleiner Raum ihr nun genug, / Wenn Glück auf Glück im Zeitenstrudel scheitert.)* Weiß ich, wovon er redet?

Der Vater hat den klaren Blick verloren, alles verschönt sich, Restaurierung von Jugend, der erst das Alter die tiefen Dimensionen verleiht, von der Höhe herab, oder wo auch immer man das Ende vermuten mag – denke ich nun, heute, fünfzig Jahre nach der Sommerandacht.

Gewiß verstehe ich dich, heute, zwanzig Jahre älter als *du* damals, als du zu Ende warst und auch der Krieg. Komm, setz dich her, lass uns reden. Mit bestem Handwerkszeug ist gut weiches Holz zu spalten, wir werden uns einigen.

Ihr habt recht, du und der Poet, ich trage euch die Wahrheit nach. Welch ein teuflisches Wünschen, herbeizaubern zu wollen, wonach uns verlangt, wohl wissend, daß selbst, wenn Zauber möglich wäre, dies Ding unmöglich ist. Wer löschte da aus, was da geschrieben steht: *Du bebst vor allem, was nicht trifft, / Und was du nie verlierst, das mußt du stets beweinen.* Also was nun, Träumer mit den zwei Menschenaltern?

> So gib mir auch die Zeiten wieder,
> Da ich noch selbst im Werden war,
> Da sich ein Quell gedrängter Lieder
> Ununterbrochen neu gebar,
> Da Nebel mir die Welt verhüllten,
> Die Knospe Wunder noch versprach,
> Da ich die tausend Blumen brach,
> Die alle Täler reichlich füllten.
> Ich hatte nichts und doch genug:
> Den Drang nach Wahrheit und die Lust am Trug.
> Gib ungebändigt jene Triebe,
> Das tiefe, schmerzenvolle Glück,
> Des Hasses Kraft, die Macht der Liebe,
> Gib meine Jugend mir zurück!

Caspar Faber
Die Freiheit eines Christenmenschen

Luthers Problem Manche Leute finden sich so, wie sie sind, gerade richtig. Solche Leute haben für Luthers Problem kein Verständnis – und folglich ist Luther für sie nur eine historische Gestalt. Aber wer je an seiner eigenen Trefflichkeit gezweifelt hat, der kann sich Luthers Problem zumindest vorstellen.

Luthers Problem war, wie er – ein sündiger Mensch, ein «Alter Adam» – die Gnade Gottes gewinnen könne.

Die Priester der Kirche sagten: Durch Fasten und Beten und Werke der Barmherzigkeit. Und durch Geldzahlungen für einen frommen Zweck, zum Beispiel für den Bau der Peterskirche in Rom.

Martin Luther war Arbeiterkind (so würden wir heute sagen; sein Vater war Bergmann). Er war Mönch geworden und Doktor und Professor für Theologie und Philosophie. Er sprach Lateinisch wie Deutsch, und er konnte Griechisch und Hebräisch. Er las die Bibel in den Originalsprachen.

Er verstand das Evangelium anders, als die Priester der Kirche es predigten. Er verstand es so: Der sündige Mensch – Alter Adam oder Alte Eva – gewinnt die Gnade Gottes durch den Glauben an die Gnade Gottes.

Die Frage, wer oder was Gott sei, stellte Luther nicht, geschweige denn die Frage, ob es Gott überhaupt gebe. Für Luther und seine Zeitgenossen gab es Gott, und Gott war allgegenwärtig, allwissend, allmächtig und allgütig. Sichtbar war er nicht, immer verständlich war er auch nicht. Aber man konnte mit ihm sprechen: Vater unser.

Die Thesen Am 31. Oktober 1517 nagelte der Doktor Martin Luther ein Papier mit 95 Thesen, grundlegenden Sätzen zum Verständnis des Evangeliums, an die Tür sei-

MARTIN LUTHER

ner Kirche; das war die Schloßkirche der Residenz- und Universitätsstadt Wittenberg.

Forscher haben ermittelt, daß dieser Thesen-Anschlag gar nicht stattgefunden hat. Aber Forschungsergebnisse sind nur die Nebensache der Geschichte. Ihre Hauptsache sind die Bilder, die das Geschehene vor Augen führen, und die Worte, die es zu Gehör bringen.

Die Aufforderung an die Christen, aus der Vormundschaft der Priester herauszutreten und sich mutig des direkten Kontaktes mit Gott zu bedienen, war ein Hammerschlag, ein Donnerschlag. (Das Allgemeine Priestertum der Gläubigen war nicht der einzige Inhalt von Luthers Lehre, aber der aufregendste.)

Die Bannbulle Abgesandte des Papstes versuchten 1518 und 1519, Luther zum Widerruf seiner Thesen zu bewegen. Hinter den Lehren der Kirche stehe schließlich die Autorität des Stellvertreters Christi auf Erden und das Gewicht der Konzile, auf denen die gelehrtesten Theologen und würdigsten Bischöfe unter ständiger Anrufung des Heiligen Geistes den rechten Glauben formulierten.

Der störrische deutsche Mönch sagte: Das Papsttum ist eine menschliche Einrichtung. Ein Konzil kann irren. Die höchste Autorität ist die Bibel; sie ist das Wort Gottes.

Da wurde ihm der päpstliche Bannfluch angedroht. Das beunruhigte ihn nicht sehr. Er verbrannte das aus Rom gekommene Schriftstück auf offener Straße, zur Freude seiner Studenten.

Aber nun wurde der Bann ausgesprochen, 1520.

Der Reichstag 1521 mußte Luther vor dem Reichstag in Worms erscheinen. Er wurde beschworen, doch einzusehen, daß die von ihm gelehrte Freiheit des Christenmenschen die gottgewollte Ordnung der Welt störe und letzten Endes zerstören werde. Wenn er sich nicht dem kaiserlichen Gebot unterwerfe und seine Lehre widerrufe, müsse er mit der Reichsacht rechnen.

Martin Luther unterwarf sich nicht. Er sagte: Hier stehe ich, ich kann nicht anders, Gott helfe mir, Amen.

Da wurde die Acht verhängt.

Die Wartburg Luthers Landesherr war der Kurfürst von Sachsen, Friedrich der Weise. Die Landesherren waren damals schon recht stark gegenüber dem Kaiser. Friedrich gewährte dem geächteten Luther auf der Wartburg Asyl.

Dort begann Luther die Bibel zu übersetzen, in ein mitteldeutsches Deutsch, das die meisten Deutschen gut verstanden. Grundlage war die kurfürstlich sächsische Kanzleisprache, mit der man selbst schwierige Dinge genau sagen konnte. Aber Luther hat auch «dem Volk aufs Maul geschaut», das heißt: auf die Sprechweise einfacher Menschen geachtet. Aus Amtssprache und Volkssprache wurde die ausdrucksvolle, derbe und doch zarte Sprache der «Lutherbibel». Sie ist seither das gemeinsame Hochdeutsch – die Sprache des «Faust» und der «Buddenbrooks» und natürlich auch dieses Buches.

Als einmal der Teufel den Übersetzer und Sprachgestalter Luther bei der Arbeit stören wollte, warf dieser sein Tintenfaß nach ihm. Er traf ihn nicht, die Tinte besudelte nur die Wand, aber der Teufel verdrückte sich doch. Das Mittelalter war noch nicht ganz vorbei.

Wittenberg Auf der Wartburg und dann wieder im verläßlichen Wittenberg – diese Stadt war nun der Mittelpunkt der evangelischen Christenheit – schrieb Luther programmatische Schriften, einen großen und einen kleinen Katechismus und Kirchenlieder. Er schuf – unterstützt von seinem gelehrten Freund Philipp

Melanchthon – die evangelische Kirchenorganisation, gestaltete die evangelische Gottesdienstordnung, regelte die Ausbildung der evangelischen Pfarrer oder Pastoren. Er stritt mit dem schweizer Reformator Ulrich Zwingli um die Abendmahlslehre. Er entzweite sich mit dem reformatorisch gesonnenen, aber kompromißbereiteren Theologen Erasmus von Rotterdam. Er sagte sich von evangelischen Fundamentalisten los, die mit Feuer und Schwert einen Gottesstaat auf Erden errichten wollten. Er wetterte gegen die aufständischen Bauern, deren soziale Forderungen er gutgeheißen hatte, deren Gewaltakte er aber verbrecherisch fand. Er war für eine mächtige ordnende Obrigkeit, so sehr, daß später die Nationalsozialisten behaupteten, er sei ein Vorläufer von ihnen. Sie haben ihn absichtlich mißverstanden.

Das Pfarrhaus   Luther heiratete. Als junger Mönch hatte er das Keuschheitsgelübde geleistet. Nun wurde er Ehemann und Familienvater. Der untersetzte, eß- und trinkfreudige geistliche Herr, in dem sich Derbheit und Gemüt, Tiefsinn und Machtwillen vereinten, war jahrhundertelang ein Vorbild nicht nur für Pfarrer, sondern überhaupt für bürgerliche deutsche Männer. Wir schütteln heute ein wenig den Kopf darüber – und müssen zugleich staunen, welch würdigen Platz Frau und Kinder in diesem ersten, diesem maßgeblichen evangelischen Pfarrhaus einnahmen.

Für seine eigenen und alle anderen Kinder dichtete Luther das Lied «Vom Himmel hoch, da komm ich her», das seine Theologie lieblich verwandelt: Genau so direkt und zutraulich wie den «Vater unser» konnte er auch das Kind ansprechen.

Eine Strophe aus diesem Lied, das ein deutsches Volkslied geworden ist, bildet einen Höhepunkt im Weihnachtsoratorium des Leipziger Thomaskantors Johann

Sebastian Bach, der fast genau zweihundert Jahre nach Luther geboren ist (1483/1685):

> Ach mein herzliebes Jesulein,
> mach dir ein rein sanft Bettelein,
> zu ruhn in meines Herzens Schrein,
> daß ich nicht mehr vergesse dein.

Bach läßt den Kinderlied-Text als mächtigen vierstimmigen Choral singen, mit Pauken und Trompeten: ernst gemeint. Aller Jesulein-Kitsch, den wir kennen, wird davon nur so weggepustet.

Viele Christen, evangelische und katholische, und auch manche Heiden halten es für möglich, daß dem Alten Adam und der Alten Eva mit Luther beizukommen ist.

Friedrich Dieckmann
Der Ring des Nibelungen

«Der Ring des Nibelungen» heißt eine Folge von vier
Opern, die der Autor und Komponist, Richard Wagner,
als *Bühnenfestspiel* bezeichnete und in *drei Tage und einen Vorabend* einteilte, schon durch die Benennung
darauf deutend, daß er sie dem Opernbetrieb entzogen
dachte. Ein eigens dafür zu errichtendes Festspielhaus
sollte nach dem Vorbild der griechischen Antike Publikum und Akteuren die Bedingungen völliger Konzentration bieten.

Das vierteilige Werk wird zuweilen als Tetralogie bezeichnet; richtiger wäre, es eine Trilogie mit einem Vorspiel zu nennen. Wie sich im alten griechischen Theater
Götter und Menschen handelnd verstrickten, bildet auch
hier eine Göttergeschichte den Rahmen des Ganzen; sie
verknüpft auf eigenwillige Weise Gestalten der germanischen Mythologie mit der im Nibelungenlied des
deutschen Mittelalters überlieferten Sage von Siegfried,
dem Drachentöter, zwischen zwei Frauen: Brunhilde und
Kriemhilde. Ringartig wie das titelgebende Haupt- und
Symbolrequisit der Handlung ist auch die Beschaffenheit der Fabel, die ganz das Eigentum ihres Dichters ist.
Wird zu Anfang jener Goldschatz, den «auf dem Grunde des Rheins» drei Flußnymphen hüten, diesen Rheintöchtern durch Alberich, den Nibelungenkönig, entrissen, der seinen Bruder, den Kunstschmied Mime, einen
Allmacht verleihenden Ring daraus schmieden läßt, so
gewinnen am Ende die Rheintöchter Schatz und Kleinod nach unerhörten Begebenheiten zurück; der Ring hat
sich geschlossen.

Wagners Großwerk, das eine Erneuerung des antiken
Theaters unter den Bedingungen einer geglückten sozialen Revolution im Sinn hatte, ist selbst revolutionsent

sprungen. Der Komponist, der sich seine Operntexte von Jugend an selber geschrieben hatte, entwirft es in Dresden auf dem Höhe- und Krisenpunkt jener revolutionären Bewegung, die, von Paris ausgehend, Deutschland im März 1848 ergriff; in ihren blutigen Schlußakt wird der königliche Hofkapellmeister im Mai 1849 in einer Weise verwickelt, daß er aus Deutschland fliehen und in ein mehr als zwölfjähriges Exil gehen muß. Im Oktober 1848, als in Wien und Budapest aus dem Widerstand der alten Mächte die Machtergreifung des Volkes erwächst, entwirft er die dramatische Fabel; im November, als der Fürst Windischgrätz die österreichische Hauptstadt mit sechzigtausend Soldaten für die Monarchie zurückerobert und den Leipziger Abgeordneten Robert Blum erschießen läßt, führt er den Text von «Siegfrieds Tod», dem späteren Schlußstück, aus.

Was er in diesen hochgespannten Wochen entwirft, ist ein Welt- und Menschheitsdrama, das den christlichen Gedanken der Erbsünde und der tragisch-messianischen Entsühnung von ihr in dem Rahmen einer altgermanischen Sagenwelt umdeutet und neu faßt. Die Ursünde ist nicht mehr die schlangenbewirkte Übertretung des Gebots, den Apfel der Erkenntnis aus freiem Gehorsam ungegessen zu lassen, sondern ein Liebesfluch als Eros-Verfluchung; er bahnt Alberich den Weg zum Rheingold und dem in ihm verborgenen Weltherrschaftszeichen. Im Unterschied zu der biblischen Paradieses-Verscherzung durch Adam und Eva ist der Akteur kein Menschheitsrepräsentant, sondern der Zwingherr eines dämonisch-unterweltlichen Geschlechts, der Nibelungen, die bergwerkend im Reich der Bodenschätze hausen und berufsmäßig tun, was Alberich am Rheingold verübt: dem Schoß der Erde das Metall entreißen. Unter Alberichs Geißel frönen diese Bergzwerge wie das gleichzeitige Proletariat unter der Fuchtel des renditesüchtigen Unternehmers; Mime, sein kunstfertiger Bruder, der den Ring und die Tarnkappe, das andere Macht-Requisit, schmiedet, ist der Intellektuelle, der als Handlanger der Bourgeoisie selbst ein Ausgebeuteter ist. Insofern auch er ein Nibelung ist, ist die sich manchmal fälschlich einschleichende Namensgebung «Der Ring *der* Nibelungen» nicht abwegig: ein Nibelung schmiedet, der andere besitzt den Ring. Da der Singular Nibelung aber stark dekliniert wird, müßte man in Wagners Sinn eigentlich vom Ring des Nibelungs reden.

Die Ursünde, von der Wagners revolutionäres Festspiel handelt, ist der auf der Absage an den Eros beruhende Drang zwingherrlich-profitheckenden Kapitals zur totalen Herrschaft. Die Lichtgestalt, die im Bund und im Zerwürfnis mit einer himmelsverstoßenen Göttertochter die Befreiung vom Fluch des Ringes bewirkt, heißt Siegfried und ist der über die Verlockungen der Macht erhabene Naturmensch, der den Ränken der Gier zum Opfer fällt. Sein Tod führt durch das Selbstopfer Brünnhildes, der menschgewordenen Gottestochter, zur Rückholung des Macht-Rings durch die Töchter der Natur. Wo ein einzelner, unterweltlich angesiedelter Unhold zum Vollstrecker des Fluches wurde, geht die messianische Rolle auf ein tragisch verstricktes Menschenpaar über, dessen weiblicher Teil durch Leiderfahrung zur Befreierin wird: eine kluggewordene Eva als Erretterin von der Ursünde der Entsinnlichung.

Wagner hat dieses mythisch-dramatische Konzept im Schweizer Exil unter den Auspizien der Revolutionserwartung ausgeführt; vom Oktober 1851 datiert sein Entschluß, das Werk als vierteiliges Festspiel auszuführen. Zehn Wochen später begräbt der Pariser Staatsstreich Louis Bonapartes seine Hoffnung auf einen grundlegenden Wandel der gesellschaftlichen Dinge. Die noch ausstehenden Texte zu «Die Walküre», dem Ersten Tag, und

«Das Rheingold», dem Vorabend, werden 1852 dennoch ausgeführt, und auch der Titel des Ganzen findet sich; er heißt zu dieser Zeit noch «Der Reif des Nibelungen». Siegfrieds Jugendgeschichte, erst «Der junge Siegfried», dann einfach «Siegfried» betitelt, liegt als Bühnendichtung des Zweiten Tages bereits vor, «Siegfrieds Tod» wird als «Götterdämmerung» zu dem Dritten Tag umgearbeitet. Vom Ende der Geschichte hat sich der Text zu ihrem Anfang vorgearbeitet.

Ende 1852 sind alle Texte fertig, und ein Jahr später beginnt der Komponist, der für seinen Lebensunterhalt auf die Hilfe mäzenatischer Freunde angewiesen ist, nach fünfjähriger kompositorischer Pause mit der Vertonung, bei der er eine neue musikalisch-dramatische Technik, die des Leitmotivs, entwickelt. Sie läßt die traditionelle Nummern- und Rezitativstruktur hinter sich und stellt sich durch ihre episch-naturalistischen Elemente dem avancierten Roman der Epoche an die Seite. So wird aus der Oper der Revolution eine Revolution der Oper, die, als sie nach ungeheuren Fährnissen, Rettungen, Krisen und allgemeinen Umwälzungen im August 1876 in dem eigens dafür errichteten Bayreuther Festspielhaus Bühnengestalt annimmt, die Monarchen Europas, an ihrer Spitze den neuen deutschen Kaiser, anzieht. Doch nur in der «Walküre», dem Werk des Ersten Tages, tosen Aufruhr und Empörung. In «Siegfried», dem Scherzo der Gesamtkomposition, überwiegen tödliche Neck- und sinnige Naturlaute bis hin zur finalen erotischen Ekstase. «Götterdämmerung», der Dritte Tag, ist auch musikalisch in die Finsternis vorbestimmten Unheils gekleidet. Erst in den letzten Takten hebt sich der Schleier des Verhängnisses.

Die Aufführungsserie von 1876 endet mit einem finanziellen Desaster, das der bayerische König, Ludwig II., abwenden hilft; dennoch kommt es zu Wagners Lebzeiten in Bayreuth zu keinen weiteren Aufführungen. Seither ist «Der Ring des Nibelungen» das Eigentum aller großen Opernhäuser geworden. In Bayreuth ist er seit 1951 alljährlich zu sehen, zusammen mit «Parsifal», dem *Bühnenweihfestspiel*, Wagners letztem Werk, das die Zurücknahme der «Ring»-Botschaft vollzieht, in der Hinwendung zum Christentum und der Absage an die Revolution, die Frau, die Sinnlichkeit und die Tragödie. Auch dies ist nur ein Kunstwerk, keine Anleitung zum Handeln. Darum hat es sich, wie der «Ring», als dauerhaft erwiesen.

Jochen Missfeldt
Brunhilde, Siegfried, Gunther, Kriemhild

Den Kampf gegen die schöne starke Brunhilde von Island habe ich verloren, Anno Domini 900. Um Haaresbreite hätte ich dabei mein Leben lassen müssen. Aber den Ring, der alles weiß, konnte ich ihr entreißen. Nun steht er mir, das heißt dem Volk, zur Verfügung. Nun heißt es für uns Glücksritter mit Hilfe des Ringes neues Glück suchen. Nach sieben Jahren stürmischer Meerfahrt finden wir die Rheinmündung, und dann sind es noch zwölf Tage stromaufwärts bis Worms. Das ist die Hauptstadt von Burgund. Niemals hat jemand eine schönere Stadt gesehen.

Warum geht es hier so festlich zu, warum sind die Leute so fröhlich, frage ich den Ring. Er antwortet: Weil Kriemhild und Siegfried auf Staatsbesuch sind. Kriemhild, die Schwester des Königs Gunther von Burgund, ist seit ihrer Verheiratung mit dem starken und schönen Siegfried nicht mehr zu Hause gewesen.

Der Name Siegfried hat bei Kriemhilds Landsleuten einen guten Klang. Siegfried, der einem kleineren Königreich am Niederrhein entstammt, hat Heldentaten vollbracht und Siege für König Gunther erfochten. Niemals hat irgendjemand einen so starken und schönen Helden gesehen. Er ist ein Götterliebling, vielleicht sogar ein Göttersohn, so hält der Ring uns auf dem Laufenden. Kein Wunder, daß Kriemhild damals, als Siegfried zum ersten Mal in Worms war, jeden Tag ein bißchen mehr in ihn verliebt war. Mehr noch: Siegfried hat dem König Gunther die schöne starke Brunhilde als Frau gewonnen und untertan gemacht; die Frau aus Island, die meine Kräfte überforderte. Gunther ist also aufgrund von Siegfrieds Heldentaten ein mächtiger Herrscher. Niemals hat es irgendwo einen so mächtigen Herrscher gegeben.

Herrlich ist das Land: leicht wie sein Wein, schwer wie die Rhein-Musik, die sich Tag und Nacht die verschiedenen Weinbergpfade hochschlängelt, hoch hinauf zu den felsigen Anhöhen, den Plätzen der alten Götter. Wir sind unten in der wunderbaren Stadt Worms, mitten im Festtrubel. Zu bewundern sind die vielen Helden auf dem Kampfplatz, die zur allgemeinen Unterhaltung laut ihre Speere und Schilde aufeinanderkrachen lassen. Zu bewundern sind die prächtigen Gewänder der reichen Damen und Herren. Es glänzt die Seide aus Salamanca, es glänzen die Edelsteine aus Indien. Zu bewundern sind die Gerüche. Es duften die Stoffe aus Libyen und Marokko. Wir kriegen aber auch den Geruch der vielen Armen in die Nase und sehen die Scham und den Haß in ihren Gesichtern.

Da kommen Kriemhild, die Frau des starken schönen Siegfried, und Brunhilde, die Frau des mächtigen Königs Gunther. Die Kampfspiele haben Pause, die Reichen und die Armen machen eine Gasse und sind mucksmäuschenstill. Kriemhild geht Brunhilde durch die Gasse voran und schreitet als Erste die zwölf Stufen zum Münster empor. Das entspricht nicht der feinen Art. Kriemhilds Unverschämtheit werden später viele Menschen mit dem Leben bezahlen müssen, sagt uns der Ring.

Um das Maß der Frechheit voll zu machen, fängt die schön gekleidete Kriemhild auch noch als erste zu sprechen an. Sie ruft der ebenso schön gekleideten Brunhilde in aller Öffentlichkeit zu: Eigentlich müßte mein Siegfried hier König sein. Das ist meine feste Überzeugung, und ich sage das, obwohl König Gunther mein lieber Bruder ist. Brunhilde antwortet, wie es sich für die Frau des Königs geziemt: Warum denn das, werte Kriemhild; denn schließlich ist dein Siegfried nur ein kleiner König und Untertan meines Mannes, des großen Königs von Burgund. Infolgedessen bin ich Siegfrieds und Kriemhilds Herrin. So ist die Lage.

Der öffentliche Streit der beiden Frauen endet im Unglück. Ihre Anliegen sind hoch und spitz. Zuletzt schreien sich die Damen an. Und in diesem Geschrei hören wir Kriemhild prahlen, ihr starker Siegfried habe anstelle von Gunther die Hochzeitsnacht mit Brunhilde verbracht, weil Gunther zu schwach gewesen sei. Einzig und allein Siegfried habe ihr, Brunhilde, die göttliche Unschuld geraubt.

Kein Königshaus kann mit solchen Behauptungen leben; seien es Unterstellungen, seien es Enthüllungen. Jedes Staatsschiff fängt da zu schwanken an. Der königliche Kanzler muß sich was einfallen lassen. Und dadurch werden dereinst viele strahlende Augen dunkel und naß von Tränen sein, sagt der Ring.

Lauschen wir dem Ring: Kriemhild hatte allen Grund, so unverschämt zu sein; denn Siegfried hat sie nie geliebt. Seine Liebe galt von Anfang an Brunhilde, und Brunhildes Liebe galt von Anfang an nur ihm. Tatsächlich hat Brunhilde nur mit Siegfried gern geschlafen; mit Gunther war alles nur Pflichtübung gewesen. Und bei Siegfried war es genauso. Trotz Tarnen und Täuschen kam eines Nachts alles heraus, als Siegfried in so einer Pflichtübung laut und deutlich und in unschuldiger Lust den Namen Brunhildes rief.

Nach dem Zwischenfall vor dem Münster ist der Mord an Siegfried nur noch eine Frage der Zeit. Die Gründe dafür liegen auf der Hand, so munkelt das Volk, dem wir uns durch den Ring verbunden wissen. Die Verletzung Brunhildes durch Kriemhild sei der Anlaß, Staatsräson sei der tiefere Grund gewesen. Wie nun Siegfrieds Leiche von traurigen Trägern vor das Münster getragen und der öffentlichen Trauer anheimgestellt wird, sind wir mit Volk und Ring dabei und sehen den königlichen

Kanzler an der Totenbahre blutige Tränen weinen; er ist es also gewesen.

Da kommt Brunhilde wie eine Walküre angeschossen. Sie geht vor dem toten Siegfried in die Knie und schluchzt über seiner linken Hand. Dann aber faßt sie sich und steht auf und blickt wild entschlossen um sich. Sie sieht den Ring an meinem Finger und entreißt ihn mir, wie ich ihn ihr entrissen hatte, einstmals im fernen Island. Wir Volk müssen nun auf ihr Geheiß den Scheiterhaufen errichten und Siegfried drauftun. Dann müssen wir Feuer an allen vier Ecken legen. Brunhilde hat den Ring in der Rechten, holt weit aus und schleudert ihn in den Rhein. Und während Brunhilde Anlauf nimmt und sich zu Siegfried in die Flammen stürzt, legt sich ein goldener Schimmer über den Rhein. Wir hören auch die Rhein-Musik, und dabei haben wir eine riesige Waberlohe zu begaffen.

Hartmut von Hentig
Auschwitz

Im Spätsommer 1978 fuhren drei Deutsche mit dem Auto durch Polen. Erich, der Älteste, hatte 1928 in Königsberg studiert; Helmut, Anfang 50, war von Insterburg aus, wo man ihn ausgebildet hatte, an die Ostfront geschickt worden. Sie beide zog die Erinnerung nach Ostpreußen. Der siebzehnjährige Philibert folgte der Gelegenheit, der Neugier, den Vorstellungen der Geschichte. Die Reise führte über Pommern und Danzig nach Masuren, von dort über Warschau nach Krakau und zurück durch Schlesien. Vor Kattowitz an einem verhangenen kühlen Nachmittag entspann sich das folgende Gespräch:

Erich: Morgen also nach Auschwitz. – Warum eigentlich? (Stille)
Philibert: Kann man *nicht* nach Auschwitz fahren, wenn man schon einmal in der Nähe ist?
Erich: Was heißt hier «man»? *Ich* kann. – Im übrigen wird es scheußlich sein: Reisebusse aus aller Welt, drängelnde Schulklassen, Imbißbuden, Schwarzgeldverkäufer und furchtbar viel Gerede. Unwürdig! Aber Sie, Helmut, preußischer Masochist, «müssen» wohl.
Helmut: Nein, ich *will.* Ich möchte versuchen, einen Zusammenhang zwischen zwei Tatsachen herzustellen – zwischen derjenigen, daß ich Hitlers Soldat war, und derjenigen, daß Auschwitz geschehen konnte.
Erich: Sie waren nicht «Hitlers Soldat»! Sie waren deutscher Soldat – Soldat im Krieg. Sie haben mit Auschwitz nichts zu tun. Aber Sie wollen es offensichtlich um jeden Preis: Zerknirschung, Scham, Schuld. – Wenn Sie und Ihre Generation wenigstens die Philiberts in Ruhe ließen. Aber die müssen nun auch das Gruseln lernen.
Philibert: Das ist für mich kein Problem. Genauer: Es ist

euer Problem! Daß und wie ihr darüber streitet, ist freilich auch für mich interessant – interessanter jedenfalls
als das ganze Auschwitz. Über dieses – die Fakten, die
Zahlen, die Technik der Verbrennungsanlage, die Lager-
struktur – haben wir genug gehört. Zuviel. In abgegriffe-
ner Sprache: «ungeheuerlich», «unvorstellbar», «einma-
lig», «*Holo*-caust», «Der Tod, ein Meister aus Deutschland»... Der Gröfaz tät' sich freuen, wenn er das hörte.
Aber Wirkungen hat das nicht.
Erich: Und nun sollen die Berge von Brillen und Plomben
und Schuhen das nachholen?
Philibert: Vielleicht. Mal sehen. Aber ich zweifle. (Pause)
Eins sollte nicht sein dürfen: daß alte oder neue Nazis
dies alles leugnen. Ich will auch, indem ich dort erschei-
ne, dazu beitragen, daß alles an seinem Ort bleibt: als
Beweis.
Erich: Da haben Sie's, Helmut: die Erschütterung, die
Sie suchen, – bei den Jungen ist's die Sicherung des Cor-
pus delicti. Was hat der Philibert davon? Wovor bewahrt
ihn das? Außer vielleicht vor der Heuchelei...
Helmut: Auschwitz, behaupte ich, ist nicht «unvorstellbar» und nicht «unwiederholbar». Ich kann und will
nicht über Philiberts und anderer Menschen Gefühle bestimmen. Es geht überhaupt nicht darum, Erschütterung
zu erzeugen, wohl aber darum, daß sich *jeder* Mensch
frage: Was hätte ich getan, hätte mich die Obrigkeit
in SS-Uniform gesteckt und mir die Bewachung eines
Transports, einer Triage, gar die Erschießung anderer
Menschen befohlen. *Vor* Auschwitz *konnte* man so nicht
fragen, wenn man bei gesundem Verstand war. *Nach*
Auschwitz *muß* man sich das fragen – in einer Welt zudem, in der die abstrakten, anonymen, technischen Verhältnisse die unmittelbaren menschlichen überlagern.
Es müssen nicht immer sechs Millionen Juden sein;
es genügt ein einziger zu Unrecht Verfolgter, dem ich

nicht helfe, und mein Leben wird nachhaltig gestört. Ich möchte nicht im Zweifel an meiner Menschlichkeit leben müssen. Auschwitz ist ein Wort für Versäumnis, Erinnerung an die Chance der Bewährung, die wir gehabt haben.

Erich: Sie sind ein hoffnungsloser Pädagoge! Auschwitz ist doch nichts als die von euch Aufklärern und Humanisten geleugnete Seite des Menschen. Ihr lest offenbar die Bibel nicht mehr. Der Mensch ist böse von Grund auf. Seine Bosheit wird durch glückliche Umstände – ein wenig Kultur und ein wenig Furcht vor Schande und Strafe – gezähmt, aber nicht gelähmt oder gar beseitigt. Und dann hat uns die Weltgeschichte einen fürchterlichen Streich gespielt. Sie hat uns diesen teuflischen Verführer geschickt – in einer Zeit, in der schon alles Rettende verdorben war: die Erziehung, die Religion, der Staat. Weil man an Fortschritt und Vernunft geglaubt hat, hat man den Verführer nicht ernst genommen, die Bestie im Menschen nicht unterdrückt. Nein, Auschwitz ist schlimmer, als ihr euch eingesteht. Es ist kein Ereignis, aus dem man lernen kann. Darum hat es keinen Sinn, an den Ort des Schreckens zu fahren. – Ich bleibe morgen im Hotel, ehrliche Ohnmacht im Herzen. Den Belehrungs- und Bekehrungswahn mache ich nicht mit.

Philibert: Das tue ich auch nicht, bloß indem ich hingehe. Aber muß man sich nicht trotzdem immer wieder «nie wieder!» vornehmen? Nie wieder Gedankenlosigkeit, nie wieder «Herrenrasse», nie wieder «Untermenschen», nie wieder «unwertes Leben» und nie wieder «Dein Volk ist alles»!? – Schon deshalb muß man Auschwitz erhalten und eben auch hinfahren. Vielleicht sollte man den Ort Freiwilligen überlassen, die hier vor allen eines vorleben: Versöhnung.

Helmut: Das Hinfahren ist das Unwichtigste, die Versöhnung das Wichtigste – aber vielleicht an einem Ort wie diesem besonders schwer. Dagegen darf die *Vorstellung* nicht verloren gehen, daß Menschen, also auch ich, anderen Menschen Auschwitz bereiten können. Die Vorstellung, daß wir Gutes tun müssen und daß es nicht genügt, das Böse zu vermeiden, wird durch die Gedenkstätten-Philosophie verdrängt. Diese legt im Gegenteil das Rechtbehalten, das antifaschistische Bekennertum, die Unversöhnlichkeit nahe.

Erich: Einverstanden! Aber dann hat auch das Mahnen mit Worten keinen Sinn.

Helmut: Doch, denn die Mahnung lautet anders: Es ist kein Verdienst, Opfer der Nazis zu sein, und keine Schande, von Tätern abzustammen – aber beides, die Nähe zum Opfer wie die Nähe zum Täter, verpflichtet zu besonderer Wachsamkeit.

Wenn wir die Schuhe der Opfer fetten, die verrostenden Brillenbügel ersetzen, die Baracken vor dem Verfall bewahren – jahrzehnte-, jahrhundertelang –, wird aus der Erinnerung ein Popanz, wird aus der von mir und dir hervorzubringenden Vorstellung eine moralische Mumie. Also keine Konservierung von Auschwitz aus pädagogischen Gründen! Dennoch: Auschwitz bleibt an der deutschen Nation hängen, die es begangen hat. Deutsche *können* es nicht vergessen – am wenigsten die, die so laut schreien, daß man es vergessen müsse.

Ich bin dafür, das Gelände einzuzäunen, der Natur zu überlassen, was man «sehen» kann, dem Bewußtsein aber aufzutragen, was zu «denken» ist: Hier ist Auschwitz wirklich geworden, weil Menschen Menschen nicht zu Hilfe gekommen sind.

Am anderen Tage war Erich krank – Übelkeit und hohes Fieber. Helmut und Philibert sind in Auschwitz gewesen. Den Streit, der dort um das «Erbe» geführt wird, die propagandistische Ausbeutung – der einführende Film zeigte mehr russische Befreier als polnische oder jüdische Befreite –, die gleichmäßige Aufteilung der Ausstellungsräume auf Nationen, die notwendig zu großen Ungerechtigkeiten führt, das ungleiche Interesse der Besucher hieran – im Block 27 der Juden waren Philibert und Helmut über dreißig Minuten ganz allein –, dies alles fanden sie schlimmer als befürchtet, die eigene Beklemmung trotzdem größer als erwartet. Über Auschwitz wurde auf dem Rest der Reise unter den drei Deutschen kein Wort mehr geredet.

Klaus Harpprecht
Juden erkennen?

Als Kind hatte ich niemals einen Juden gesehen. Oder?
Woher wußte ich, daß man einen Juden als Juden erkennt? Fing es nicht damit an? Zeigte nicht meine Gewißheit, daß sich die Bilder des Hasses auch in meine
Kinder-Seele gedrängt hatten? Jede Plakatwand, jede
Zeitschrift und jede Zeitung war von den Schmähbildern
mit den krummen Nasen und krummen Beinen besetzt.
Die Stereotypen hatten auch Eingang in unsere Schul-
bücher gefunden.

Neben dem Pfarrhaus, in dem ich aufwuchs, unterhielt
der Stadt-Kapellmeister, der am Samstag-Abend immer
betrunken war, seinen Musikalien-Laden. Sein Nachbar
war der Herren-Frisör. Irgendwann saß ich, wie so oft,
auf dem Stühlchen hinter dem Fenster und wartete, bis
ich für den üblichen Radikalschnitt an der Reihe war:
keine Schmachtlocken, um Gottes Willen nicht. Der
Meister klapperte mit der Schere. Ich blätterte in einer
der Zeitungen, die für die Kundschaft ausgehängt waren, und schaute auf die Karikaturen. Die Juden erinnerten mich an den Stadt-Kapellmeister nebenan, der die
Preußischen Märsche und die Lieder der Sturm-Abtei-
lungen des Führers mit seinen kurzen Armen so flott
dirigierte. Die Ähnlichkeit machte mich lachen.

Plötzlich stand der Vater im Laden. Er riß die Zeitung
fort. Ehe ich die Hände hochwerfen konnte, hatte ich eine Ohrfeige. «Dieses Schweineblatt nimmst du nicht in
die Hand!» schrie der Vater. Es war der «Stürmer», herausgegeben von Julius Streicher, Gauleiter von Franken,
der von einem pathologischen Haß gegen die Juden be-
sessen war. Er hatte ein krankes Gehirn, und er sah nicht
aus wie das Musterbild eines nordischen Menschen.
Aber das galt für die meisten der anderen Parteigrößen

auch, ob Heinrich Himmler oder Joseph Goebbels. Der Vater sagte oft, die Herren müßten nur in den Spiegel schauen, um ihre Rassenlehre widerlegt zu sehen.

Nein, ich kannte keine Juden. Damals war ich zehn Jahre alt. Drei oder vier Jahre später, es war schon Krieg, durfte ich dann und wann fürs Theater, für eine Oper oder ein Konzert in die Hauptstadt unseres Ländchens reisen. Wenn Zeit bis zum Einlaß war, streunte ich durch die Straßen.

Einmal starrte ich in den Schaukasten eines Nacht-Lokals, in dem schöne Damen mit nackten Brüsten prangten. Als ich den Kopf hob, sah ich eine alte Frau, die mir entgegenkam, gebrechlich, die Züge verhärmt, die Augen weit geöffnet. Unsere Blicke trafen sich nur für Sekunden. Hinterher glaubte ich, in ihrem Gesicht eine fragende Angst zu erkennen. Hastig lief sie an mir vorbei. Sie trug den gelben Stern.

Ursula Krechel
Die Sage vom Riesling

Dieser helle, feinherbe, zarte Wein. Er ist leicht und elegant, doch weil er das ist oder besser: sein sollte, kann man ihn leicht verderben. Zu viel Zuckerzusatz oder schlimmer noch: Zuckerersatzzusatz, Massenproduktionen für Trinker, deren Kehlen besser mit einer Trauben-Cola gespült würden, und der Verschnitt mit anderen Rebsorten machen dem Bukett des Rieslings schnell den Garaus. In einem Supermarkt in London oder Tokyo, ich hab's mit eigenen Augen gesehen, kann man heute Riesling kaufen. Produkte der Getränke-Industrie, nicht das höchst individuelle Zusammenwirken aus Lage, Jahrgang und der Kunst des Kellermeisters oder Winzers. Großkellereien und tüchtige Vertriebsnetze, die auch Strumpfhosen und Feuerzeuge mit dem richtigen Firmennamen inflationär rund um die Welt verbreiten, machen es möglich. Aber das ist nicht der Riesling, den ich meine. Ich meine den trockenen Riesling, der mehr Säure hat als andere Weißweine, aber auch eine unvergleichliche «Blume». Die Bestimmungen der europäischen Gemeinschaft fördern eine solche ausgeprägte Individualität des Weinanbaus nicht. Im Gegenteil, viele kleine Winzerbetriebe haben aufgeben müssen oder arbeiten beharrlich an ihrem Wein, manchmal im Nebenerwerb oder während ein Ehepartner für das Nötigste sorgt und einen weniger konjunkturabhängigen Beruf ausübt, zum Beispiel Zimmer an Touristen vermietet, die hoffentlich, hoffentlich Wein kaufen. Vielen Schriftstellern sind solche Lebenskonstruktionen vertraut, um so vertrauter erscheinen diese Künstler-Winzer.

Der Riesling ist eine Rebsorte, die kleine, runde, grünliche unscheinbare Beeren trägt. Sie schmecken nicht sonderlich gut, wenn man sie ißt. Sie sind dünnschalig und deshalb empfindlich gegen Schädlinge. Ich bin mit Riesling aufgewachsen. Es gibt Weine, von denen ich, leicht übertreibend sage: solche habe ich schon in meiner Kindheit getrunken. Natürlich habe ich sie nicht getrunken; ich hatte den Duft in der Nase, wenn die Erwachsenen tranken. Meine mütterliche Familie hat seit Generationen Riesling an der Mosel angebaut. Als mein jüngster und beim Weintrinken lustigster Onkel starb, wollte niemand mehr in der Familie Winzer sein. Die Arbeit zu schwer, zu wenig ertragreich, der Gewinn zu unwägbar. Die schmalen grünen Flaschen lagerten im Keller meiner Eltern neben der Kartoffelkiste. Eine Unruhe zog jeweils im Oktober durch meine Kindheit. Wie wird der diesjährige Wein, reicht die Sonne aus? Drei, vier gleißende Tage kurz vor der Weinlese konnten die Qualität noch entscheidend verbessern, ein Unwetter, das auf die prallen Trauben schlug und sie frühzeitig zum Faulen brachte, bedeutete einen großen finanziellen Verlust. Mein Onkel führte uns in den Keller, aus winzigen Gläschen, nicht größer als Eierbecher, probierte man den neuen Wein, bevor er verkauft wurde. Der Wein vom Hang gleich hinterm Haus, der Weinberg war nicht größer als ein Garten, schmeckte ganz anders als der am Ortsausgang, und der am südlichen Berghang hatte noch einmal eine andere Geschmacksnuance.

Die besten deutschen Rieslinge wachsen im Rheingau, in Rheinhessen, an der Mosel, an der Saar, an der Nahe, kleine Weinbaugebiete in nebligen Flußtälern, in denen die Sonne rar ist. Das Rheinische Schiefergebirge trägt nicht nur den Schiefer im Namen, der Boden an den Hängen ist voller Schiefersplitter. Die Schiefersplitter, die jedes Schuhleder gnadenlos ritzen, halten die Wärme, fangen sie auf und werfen sie zurück. So haben die Weinberge mehr Sonnenstrahlen, als das Klima erwarten ließe. Anders als in den Weinbaugebieten, in denen es Weinfelder gibt wie Sonnenblumenfelder, Maisfelder, ist hier nur der Sonnenhang des Flüßchens ein Weinberg. Doch die Flüßchen schlängeln sich in winzigen Haarnadelkurven, und die Schattenseite wird im nächsten oder übernächsten Ort die nach Süden gewandte Sonnenseite. Rasch beginnen oberhalb der klassischen Rieslingsanbaugebiete Streuobstwiesen, Kartoffeläcker, eine bescheidene Landwirtschaft, die begehrlich auf das kostbare Gut in den Tälern schielt.

Wenn meine Großeltern eine Flasche Wein auf den Tisch stellten, dann war es eine Flasche Riesling. Wohl hatten sie reden gehört von den kräftigen, dunklen Bordeaux, wohl wußten sie, daß es Burgunder gab, doch wo gab es den? In den großen städtischen Hotels vielleicht, aber meine Großeltern wohnten weit ab in einem engen Flußtal, und hinter dem Küchenfenster wuchsen die ersten Weinstöcke. Es wurde an der Mosel, am Rhein, im Rheingau, in Rheinhessen ausschließlich Riesling angebaut, bis ertragreichere, aber weniger reizvolle Rebensorten in den sechziger Jahren hinzukamen, es wurde Riesling getrunken. Ja, auch viel getrunken, aber betrunken waren immer die Fremden, die Touristen. Die Kinder zeigten mit dem Fingern auf sie und äfften ihre Ausbrüche in Gesang nach. Die kenntnisreichen einheimischen Rieslingtrinker wurden spätabends vergnügt, manchmal auch schwatzhaft, sie vergaßen, die Kinder ins Bett zu schicken. Und das war der größte Gewinn für die im Riesling-Anbau-Gebiet aufwachsenden Kinder. Wein wurde verschenkt, eine zweite Währung für Dienstleistungen, die nicht unmittelbar mit Geld aufzuwiegen waren und als Freundschaftsbezeugungen bemäntelt wurden: Besondere Jahrgänge (Es ist eine Legende, daß Riesling frisch und jung getrunken werden muß!), Trockenbeerauslesen, eine Flasche des honigsüßen Eisweins, der erst nach dem ersten Frost gelesen wird. Raritäten, Spezialitäten. An Feiertagen servierte meine Mutter eine «Crème au Riesling», vorsichtig hatte sie die sanfte Masse mit dem Eigelb im Wasserbad köcheln lassen; nach dem Dessert waren die Esser müde. Die Kinder rochen am Riesling, durften am Fuß des Weinglases lecken, manchmal stibitzten sie den Rest aus einer Flasche. Ein schlechter Jahrgang, in dem es viel geregnet hatte, der heute «aufgezuckert» wird, wanderte damals stillschweigend in die Essigfabrik. Und es gab Herbsttage in den weinseligen Städtchen an Mosel und Rhein, an denen eine backengerötete, weingerötete Heiterkeit in der Luft lag: Die Messungen hatten dem neuen Wein sehr gute Werte gebracht. Anschaffungen, die ein Jahr lang zurückgestellt worden waren, konnten getätigt werden, die flüssige Ware setzte sich endlich in flüssiges Geld um. Die Mühsal hatte sich gelohnt. Prost.

Heinz Czechowski
Kartoffeln

Vom Zerfall und der Umwertung aller Werte ist auch eines der Grundnahrungsmittel der Deutschen, die Kartoffel, betroffen. Ich komme nicht umhin, dies zu sagen,
spielte sie doch auch in unserer Familie eine besondere
Rolle. Ein Herbst ohne das Zeremoniell der Einkellerung
wäre bei uns undenkbar gewesen. Schon tagelang vor der
Anlieferung der Knollen herrschte so etwas wie Erwar-
tungsstimmung. Die Erdfrüchte selbst wurden uns von
dem Bauern eines Dresdner Stadtranddorfes noch bis in
die Nachkriegsjahre ins Haus gebracht. Mindestens zwölf
Zentner gelangten in unseren Keller. So unterhielt man
eine lebendige Beziehung zum Lande. Fachmännisch be-
gutachtete mein Vater die jährlich angelieferte Ernte.

Mit dem Anbruch der Moderne ging diese Beziehung
verloren. Meine Kindheit endete, als die Kartoffel zur
Anonymität verurteilt wurde: Man kaufte sie im «Konsum» an der Ecke, und niemand wußte noch, woher die
in Plastiknetze eingeschweißten Produkte kamen.

An solche Verluste haben wir uns gewöhnt. Ob die är-
mere Welt eine reichere war, sei dahingestellt. Denn was
zu beweisen wäre, ist nicht beweisbar. Das Leben hat unsere Sinne, die der Kindheit noch eigen waren, nicht nur
geschärft, sondern auch verbraucht. Aus der Erinnerung
steigen die Gerüche und Düfte, die Farben und die Geräusche, die der Vergangenheit angehören. Die Sprache
versagt ihre Dienste vor der Fülle des Gewesenen. Der
dunkle Tunnel, in dem wir uns auf die Zukunft hin bewegen, hat viele Nebenausgänge. Das Licht am Ende der
Röhre ist nur eine Täuschung.

Die Kartoffel jedoch hat es nicht verdient, vergessen
zu werden und im allgemeinen Chaos der Mißliebigkeit
unterzugehen. Sie hat uns vor dem Verhungern bewahrt,

als wir in den ersten Nachkriegsjahren zu ihr Zuflucht nahmen und sie unser täglich Brot wurde. Noch ihre Schalen ergaben, zuvor auf einem Backblech getrocknet, dann in einer alten Kaffemühle zermahlen, eine mit Majoran gewürzte schmackhafte Suppe...

Heute lebe ich in der Fußgängerzone einer kleinen Stadt, in der all das zu haben ist, was man braucht oder nicht braucht. Rückwärtsgewandt lausche ich, ein Reaktionär, der Hymne auf die Kartoffel. Salzkartoffeln, Pellkartoffeln, Bratkartoffeln, Kartoffelbrei, Kartoffelklöße, Kartoffelpuffer, Kartoffelfeuer, Kartoffelferien. Wer außer mir erinnert sich noch angesichts der veredelten Kartoffelprodukte in den Supermärkten – Kartoffelchips, Kartoffelpüree, Pommes frites – an diese Wörter?

Nebenan in der Küche liegen sie, erstanden auf dem Wochenmarkt, in einem Korb: Frühkartoffeln aus Malta, appetitlich wie Marzipan. Sie haben nichts gemein mit den grauen Knollen, die wir als Studenten auf den Kartoffeläckern Mecklenburgs einbrachten. Nachts schliefen wir auf Stroh, zugedeckt mit alten, verkeimten Pferdedecken, und träumten von einer Zukunft, die Sozialismus hieß. Wir wußten zu wenig. Unser Utopia war eine Schönheit, die nichts als eine Täuschung war. Die Ent-Täuschung kam, als in der DDR-Wirklichkeit die Kartoffeln immer schlechter wurden, bedroht von Braunfäule und Inzucht.

Mit dem Westen kam auch die Westkartoffel. Das hieß zunächst nichts anderes, als daß die Ostkartoffel besser vermarktet wurde und plötzlich in kaum besserer Qualität, aber mit dem klingenden Namen «Heidelandsegen» im Gemüsegeschäft lag, das bis vor kurzem ein «Konsum» gewesen war, aber nun, privatisiert und vom ehemaligen Verkaufsstellenleiter erworben, das Sortiment verändert hatte. Statt des Einerlei von Möhren, Schwarzwurzeln und Rot- und Weißkohl beherrschten nun die

Banane, der Champignon und die Kiwi den Laden. Wer hätte solche Veränderungen nicht begrüßt?

Jetzt, endlich sehend geworden, sahen wir den Fortschritt mit Riesenschritten auf uns zukommen. Die Kartoffeläcker, über die wir einst gekrochen waren, wurden stillgelegt oder von holländischen oder englischen Großproduzenten aufgekauft. Herr Schneider aus Königstein im Taunus entkernte und sanierte unsere verotteten Messehäuser und Passagen, wohlversehen mit Krediten der Deutschen Bank, die er nun, sich auf der Flucht befindend, nicht zurückzahlen wird. Peanuts. Also Erdnüsse. Kein Wunder, daß der Erdapfel keine Rolle mehr zu spielen hat, und daß ich mich noch immer nicht entschließen kann, in die Küche zu gehen, um mir eine Portion Maltakartoffeln zu kochen...

Mit der Wirklichkeit hat sich auch unser Denken verändert. Wer erinnert sich noch an Karl Marx' zornige Pamphlete über die preußische Kartoffelfrage und den Alkoholismus des frühen Proletariats, das sich mit Kartoffelfusel in den Destillen über sein Elend hinwegtrösten wollte? Ich würde gern in meiner Marx-Engels-Ausgabe nachschlagen. Aber diese Bände liegen auf einem Leipziger Dachboden, während ich nur mit meinen Erinnerungen hier sitze, ein verspäteter Emigrant, dem fast jedes Thema gelegen kommt, um seinem Selbstmitleid zu frönen.

Ursache und Wirkung ergänzen sich. Ich wollte über Kartoffeln schreiben, aber ich bin unversehens wieder dorthin gelangt, wohin ich seit Wochen bei jedem Versuch, die Arbeit des Schreibens wieder aufzunehmen, hingerate: in den Bereich meiner Biographie. Als ich vor vielen, vielen Jahren auf dem Friedhof zu Dohna in Sachsen nach den Gräbern meiner Ahnen suchte, geriet ich in einen aufgelassenen Teil des Gräberfeldes. In fast lichtloser Enge wucherte Kartoffelkraut. Ich fragte mich, wie die Keimlinge hierher gelangt sein mochten. Mir fiel ein, daß der Friedhofsgärtner hier in den Nachkriegsjahren seine Kartoffeln angebaut haben könne. Sie wuchsen damals ja auch in den Vorgärten der Häuser des Viertels, in dem ich meine Kindheit verbracht hatte, und zwischen den Trümmern der gewesenen Stadt.

Daß man, wenn man nicht auf ein Wunder wartet, nicht mehr viel in seinem Leben zu regeln hat, weiß der fast Sechzigjährige. Was ich einkaufe, ist immer zu viel. Das Brot wird hart, eh ich es verzehrt habe, die Butter ranzig. Ich sollte mich auf die Kartoffeln besinnen, die haltbar sind und die man gut portioniert in den Topf werfen kann. Sechs Stück, denke ich, etwa von der Größe eines Hühnereies, würden reichen, um meinen Hunger zu stillen.

Aber das Leben ist komplizierter, denn ich habe – nach einer reichlichen Mahlzeit gestern – einen Safttag eingelegt. Müde, mit brennenden Augen und wie betrunken vom Hunger denke ich an die Schwenkkartoffeln, die ich am Abend mit meinem Sohn zu einem Karpfen blau aß. Aber warum sollte ich mich nicht auf ein Leben hin konditionieren, in dem anderes zählt, als satt zu sein?

Hartmut von Hentig
Pflicht und Neigung

Kennen Sie Pflichtmenschen? Leute, die beim ersten kleinen Schneewirbel um sechs Uhr morgens auf die Straße stürzen und den Gehsteig freikratzen; Leute, die jeden Samstag um fünfzehn Uhr die grämliche alte Tante besuchen und ihr eine Kleinigkeit mitbringen, über die sie sich nur mäßig freut; Leute, die ihre Vereinskasse wöchentlich prüfen und «Meldung erstatten», wenn 1,30 DM zuviel darin sind? Es heißt, es gebe ihrer besonders viele in Deutschland, wo kategorische Imperative, ein Vorschrifts- und Ordnungsethos, eine «Beamtentum» genannte Einrichtung, eine durch kein freundliches Klima aufgeheiterte Kargheit des Landes die «Pflicht» als moralisches Douceur erscheinen lassen. Und wen schon weder Himmel noch Erde mit natürlichen Freuden verwöhnen, soll der nicht wenigstens Spaß am Notwendigen, Notwendenden haben? Wird er nicht, was nun einmal getan sein muß, aus Neigung gut oder doch besser tun?

Das deutsche Wort «Pflicht» komme von «pflegen», habe ich einmal gelesen. Mag sein. Aber das ist eine Feinschmeckerei für Gebildete und trifft nicht den Punkt: daß die Pflicht auch für den Deutschen eine Last, ein *debitum*, also das Geschuldete ist, wovon Franzosen, Engländer, Spanier, Italiener ihr *devoir*, ihre *duty*, ihr *debere*, ihr *dovere* herleiten. Im Gegenteil: «Pflicht und Neigung» sind ein im Deutschen besonders bewußter Gegensatz – eine fest eingespielte Denkfigur wie «Geist und Macht», «Schein und Sein», «Dienst und Schnaps». Wehrpflicht, Meldepflicht, Gurtpflicht, Pflichtschule, Pflichtimpfung, Pflichtversicherung, Rechte und Pflichten – die Sprache wimmelt von solchen Wörtern, die dazu mahnen, die Pflichten ernst zu nehmen, ernster als die unsteten Neigungen. Die eigentliche deutsche Pointe ist, daß man aus der Pflicht, obwohl man sie ebenso ungern tut wie andere Menschen, tunlichst eine Neigung mache. Im dritten Jahr des Zweiten Weltkriegs, ich war sechzehn Jahre alt, begleitete ich meinen Vater in seine Dienststelle, das Auswärtige Amt in Berlin. Es war ein Marsch von einer guten dreiviertel Stunde. Er, ein «Pflichtmensch», wollte an diesem Samstagnachmittag noch arbeiten und nutzte den Weg zu einem Gespräch mit dem Sohn. Im «AA» trafen wir zu unserer Überraschung die Putzfrau, die sich im Treppenhaus zu schaffen machte. Auf meines Vaters Frage, warum sie am Wochenende arbeite, richtete sie sich auf: «Ja, haben Sie nicht gestern unseren Führer gehört? Jetzt, wo unsere Soldaten an allen Fronten für die Heimat kämpfen, müssen auch wir Opfer bringen, mehr tun als unsere Pflicht.» Sie strahlte zufrieden, und wir gingen weiter. Der Hitler wußte, was er tat, wenn er den Menschen die Pflicht zur Neigung machte: dann prüfen sie die Pflicht nicht mehr.

Gibt es zwischen Pflicht als nur ärgerlicher (und dann oft gemiedener) Last und Pflicht als herzerwärmender Lust nichts Drittes – eine vernünftige Erledigung der Aufgabe in dem Bewußtsein, daß dies letztlich mir nützt? Ganz ohne Zweifel, und ich, den man ebenfalls im Verdacht eines Pflichtmenschen hat, versuche so zu leben. Zum Beispiel, wenn ich in meiner Schule Papier aufhebe. «Das hast du doch nicht nötig!», sagt man mir dann in wohlmeinender Eindeutigkeit. Man denkt, ich täte es aus weltverbessernder, pädagogischer Absicht. Aber ich habe dabei ein ganz normales eigennütziges Motiv: Ich leide an unnötiger Unordnung und finde ihre Beseitigung nicht mühevoll. Ich komme mir dabei nicht gut vor, aber ich befinde mich gut. Mir liegt in diesem Fall am ästhetischen, nicht am moralischen Ergebnis.

Und doch sollte man dieser Figur mißtrauen. Es ist «gesünder», ich zahle die Steuern, weil ich sie zahlen *muß*. Wo gerate ich hin, wenn *alles*, was ich tue, vor meinen letzten Maßstäben standhalten soll! Lebt ein Franzose oder ein Mexikaner, ein Russe oder ein Karibe weniger frei, wenn er den Zwang nicht auch selbst vollstreckt – und sei es mit Hilfe der Einsicht? Wäre ich gefeit gegen den Übertritt von der persönlichen Vorliebe zum Amt des Sittenwächters? Müßte nicht jede biedere Nachbarschaft von Sollen und Wollen die gebotene Wachsamkeit korrumpieren? Wie weit ist es von der bornierten Entscheidungslosigkeit der Berliner Putzfrau zur unmenschlichen Pflichterfüllung eines Höss oder Eichmann?

Der preußische Philosoph in Königsberg bestand darauf, daß Pflicht Überwindung koste, damit ihre Erfüllung befriedigen darf. Eine Tat könne menschenfreundlich, gemeinnützig, ehrenwert sein – Hochschätzung verdiene sie noch nicht, wenn sie aus Neigung getan werde und nicht aus Pflicht; es fehle ihr dann «der sittliche Gehalt». In der Schillerschen Karikatur der Kantschen Strenge

> «Gerne dien ich den Freunden,
>> doch tu ich es leider mit Neigung,
> Und so wurmt es mich oft,
>> daß ich nicht tugendhaft bin.»
> «Da ist kein anderer Rat;
>> du mußt suchen sie zu verachten,
> Und mit Abscheu alsdann
>> tun, wie die Pflicht dir gebeut»

geht es um den moralischen Lohn, den einer sich für seine Taten verspricht. Gewiß, da lauert eine Gefahr. Aber ist die andere Gefahr nicht ungleich größer: daß Pflichterfüllung zur Wonne wird – und es am Ende keine wirkliche Neigung mehr gibt, der die Pflicht widerstreitet und die deren Berechtigung anzweifelt?

Nicht alle Konflikte sind heilsam, aber den zwischen Pflicht und Neigung sollten wir uns erhalten und weder von Gruppendynamikern noch von Seelenhygienikern noch von Kommunitaristen und schon garnicht von moralischen Masochisten wegreden lassen.

IMMANUEL KANT

Walter Helmut Fritz
Der Schwarzwald

Ein im Südwesten Deutschlands liegendes Mittelgebir-
ge, dessen höchste Erhebung, der Feldberg, knapp tau-
sendfünfhundert Meter beträgt,
   ein Gebirge, das seinen Namen von den dunklen Tan-
nenwäldern hat, die über seine Hänge ziehen,
   von dem man da und dort hinuntersehen kann auf
Rebhänge, auf die Rheinebene, auf Freiburg und den
Kaiserstuhl, auf den Schimmer von Hunderttausenden
blühender Obstbäume im Frühling
   oder hinüber nach Frankreich, ins Elsass, zu den Vo-
gesen,
   ein Gebirge, ein «Holz-Treibhaus», in dem einmal
Wölfe lebten, in dem man im Lauf der Jahrhunderte
Rittern, Handwerksgesellen, Bettelmönchen, Kaufleu-
ten, Fuhrwerkern begegnete,
   in dem es jetzt Dörfer und Städte gibt, Heilbäder mit
Kurhäusern und Sanatorien, so die Schwarzwaldklinik,
Hotels und Skisportzentren und an Wochenenden über-
füllte Straßen,
   und Industrie, die zum Beispiel das Obst des Landes in
hochprozentigen Geist verwandelt und die Walmdächer
seiner Bauernhäuser in Kuckucksuhren,
   aber auch Stille in wasserreichen Tälern und auf weiten Hochflächen, seltene Pflanzen, Moose, Heidelbeeren
und Pilze,
   ein Gebirge, das – mit seiner Mischung aus wirklich
schwarzem Wald, weißer Kirschblüte und grünen Mat-
ten – anwesend ist auf den Bildern von Hans Thoma,
   auf verborgenere Weise in der Philosophie von Martin
Heidegger,
   bei Hans Jakob Christoffel Grimmelshausen, dessen
Simplicius Simplicissimus am Mummelsee die Nixen

gesehen hat und die Lilien, die um Mitternacht zu tanzen beginnen,

bei Eduard Mörike, der das Gedicht von den Geistern
schrieb, die dem Zauberer dieses Sees das Totengeleit
geben,

in vielen aus Heimweh nach dem Schwarzwald entstandenen Gedichten von Johann Peter Hebel,

in der «Beschreibung eines Dorfes» von Marie Luise
Kaschnitz,

ein Gebirge, dessen Linien Fjodor Michailowitsch Do-
stojewskij vor Augen hatte, wenn er – seiner Spiellei-
denschaft verfallen – nach Baden-Baden kam, oder Iwan
Sergejewitsch Turgenjew, der dort – in einer ménage à
trois – fast zehn Jahre lebte, oder der in Badenweiler an
Tuberkulose sterbende Anton Pawlowitsch Tschechow.

TRAUMLANDSCHAFT

Klaus Harpprecht
Achter Mai 1945

Mein achter Mai fand eine Woche früher statt, zehn Tage nach Adolf Hitlers Geburtstag, seinem letzten; er beging ihn in seiner Bunkerhöhle unter den Trümmern der Reichskanzlei. Mein eigener Geburtstag lag noch keine drei Wochen zurück: der achtzehnte. Ich war nicht sicher, ob es nicht auch mein letzter sein würde. Niemand war seines Überlebens gewiß.

SS-Offiziere hatten unseren versprengten Trupp am Morgen noch einmal ins Gefecht getrieben. Oben an einem Waldrand standen die Panzer der Amerikaner. Wir hockten unten am Berg in eilig ausgehobenen Schützenlöchern. Wir wußten, daß wir uns nicht halten konnten. Die SS hatte sich längst davongemacht. Das Kommando, sofern davon die Rede sein konnte, übernahm ein Hauptmann der Wehrmacht, der zum Soldaten degradiert worden war, weiß der Teufel warum.

Als neben mir ein Kamerad – er war ein halbes Kind wie ich selber – mit einem Mal keine Schädeldecke mehr hatte, überkam mich die dumpfe Wut. Ich schoß wie ein Idiot in die Gegend. Vermutlich habe ich niemanden getroffen. Dann zogen wir uns über einen flachen Hügel zurück, im Sprung von einer Ackermulde zur nächsten. Die amerikanischen Infantristen jagten uns wie die Hasen. Auf den letzten Metern vor der Kuppe ein Schlag gegen meine rechte Schulter. Ich weiß nicht, wie ich auf die andere Seite kam. Drüben gab mir ein älterer Unteroffizier Schnaps aus der Feldflasche. Ich kotzte. Er gab mir noch einmal Schnaps.

An der Straße im Tal zwangen Landser, mit vorgehaltener Waffe, den Fahrer eines SS-Wagens, mich zum Verbandsplatz zu bringen. Die Besatzung warf mich am nächsten Bauerngehöft aus ihrem Gefährt.

Ich weiß nicht, wie ich zum Lazarett gelangte. Anderntags wachte ich auf. Glatter Schulterdurchschuß, sagte eine Schwester. Ein Heimatschüßchen. Ich stand auf, um zu pinkeln. Tapsend ging ich zum Fenster. Draußen regnete es. Unten im Hof hockten Soldaten auf ihren Fersen, Schnellfeuer-Gewehre über den Knien. Sie wippten, als lauschten sie einer Musik. Amis. Über sich hatten sie bunte Gartenschirme aufgespannt, um den Regen abzuhalten. Hinter ihnen auf einer roten Backsteinmauer stand mit Kreide geschrieben: «Hitler dead».

Der Krieg war zu Ende. Acht Tage später unterzeichneten die Generale, die sich zwölf Jahre lang vor dem Diktator erniedrigt hatten, die Kapitulation. Das war sie, die gefürchtete, die ersehnte Niederlage. Sie kam für Millionen Menschen zu spät, Deutsche, Juden, Russen, Polen, Amerikaner, Briten, Franzosen, Italiener – für alle.

Langsam öffnete ich das Fenster. Einer der Amis blickte auf und hob seine Waffe. Als er mich sah, ließ er sie wieder sinken. Er lachte und rief den anderen einige Worte zu, die ich nicht verstand. Ich atmete die Regenluft ein. Gefangenschaft, dachte ich. Wie lange behalten sie dich? Ein paar Monate? Ein Jahr? Ich empfand keine Furcht, eher eine ferne Art von Glück. Jetzt, dachte ich, beginnt das Leben. Dein Leben.

Ute Andresen
«Wie immer» ist immer anders
Alltag in der Grundschule

Denken wir uns Katrin.
Sie geht in München zur Schule, in eine Grundschule.
Sie ist in der zweiten Klasse.
Katrin ist sieben Jahre alt.

Wie jeden Morgen geht Katrin um halb acht von zuhause fort. Sie hat ihre neue Mütze auf. An der ersten
Straßenecke wartet Max auf sie – wie jeden Morgen,
nur heute mit einer Kapuze auf dem Kopf. An der zweiten Ecke warten Florian und Hanna. Sie drängeln sich
unter einem Schirm, obwohl es gar nicht richtig regnet.
  Zehn Minuten vor acht hängen alle vier ihren Anorak
in den Schrank vor dem Klassenzimmer, ziehen ihre
Straßenschuhe aus und die Hausschuhe an. Die halbe
Klasse ist schon da; man hört draußen im Gang, wie
vierzehn Kinder schwatzen und lachen.

Frau Kramer, ihre Klassenlehrerin, ist auch schon da.
Sie schreibt grade etwas an die Tafel. Als Katrin rein-
kommt, nickt sie ihr zu.
  Katrin nimmt auf ihrem Platz das Heft mit der Haus-
aufgabe aus dem Ranzen, hängt den Ranzen an den
Haken am Tisch, legt das Heft auf den Stapel auf Frau
Kramers Tisch, setzt sich auf den großen Teppich vor der
Tafel zu den anderen Kindern und schwatzt mit. Alle
Kinder, die kommen, machen es genauso.

Als es um acht Uhr gongt, sitzen sechsundzwanzig
Kinder im Kreis. Frau Kramer nimmt ihre Gitarre und
setzt sich zu ihnen.
  «Guten Morgen, ihr Lieben!» sagt Frau Kramer.

«Guten Morgen!» antwortet der Chor der Kinder.

Dann singen sie das Lied für die Sonne, weil die Sonne heute nicht scheinen will. Das Lied haben sie sich selber ausgedacht, früher einmal, im ersten Schuljahr. Mit einem Lied im Morgenkreis beginnt jeder Schultag. Katrins Klasse kann sehr viele verschiedene Lieder singen.

Nachdem Frau Kramer die Hausaufgaben angesehen und die meisten gelobt und über manche ein bißchen den Kopf geschüttelt hat, erzählt sie den Anfang eines Märchens: Prinzessin Annabella hat die bunte Perlenkette zerrissen, die ein Zauberer ihr geschenkt hat. Wie soll sie die hundert Perlen wieder auffädeln?

Frau Kramer hat sieben Schälchen bereitgestellt, jedes mit hundert bunten Perlen und einem langen Faden. Gruppenarbeit! Katrin tut sich mit Max, Florian und Hanna zusammen – wie meistens bei der Gruppenarbeit. Sie zählen und ordnen, beraten und zanken sich und fädeln eine schöne, eine sehr schöne Kette auf, eine Kette für eine Prinzessin.

Max legt sie Hanna um den Hals. Florian ist etwas eifersüchtig, aber er sagt: «Toll siehst du aus!»

«Ich finde unsere schöner als die Ketten von den anderen Gruppen!» sagt Max.

Sieben verschiedene Ketten liegen am Ende auf einem kleinen Tablett auf dem Teppich und werden verglichen. Und dann wird aus jeder Kette eine lange Plusrechnung. Alle Kinder schreiben ins Rechenheft, es wird sehr still in der Klasse.

Nach dieser Pflichtarbeit entscheiden die Kinder selbst, was sie als Freiarbeit tun werden. Max will alle Ketten abzeichnen. Hanna möchte am liebsten das Märchen zu Ende lesen. Florian wird selbst ein Märchen schreiben, ein Märchen mit Rittern und Pferden. Katrin will noch

eine achte Kette auffädeln. Das wird bestimmt die aller-
schönste! Eine Gruppe plant gemeinsam ein großes Bild
von der Prinzessin und dem Zauberer. Frau Kramer ist
einverstanden, wenn alle bei der Arbeit nur leise sprechen. Sie möchte in Ruhe mit sechs Kindern Recht-
schreiben üben: lauter Wörter mit ä wie in «Märchen».

Als der Gong um viertel nach zehn die Freiarbeit be-
endet, hat Katrin ihre Kette fertig aufgefädelt. Sie ist
wunderschön geworden. Katrin darf sie in der Pause mit
auf den Schulhof nehmen.

Die ganze Klasse spielt Fangen, aber Katrin spielt nicht
mit. Wenn die Kette zerrisse, fände sie bestimmt nicht
alle Perlen wieder.

In der Stunde nach der Pause teilt sich die Klasse: Manche Kinder gehen zu Frau Jäger zum evangelischen Religionsunterricht wie Max, manche zu Frau Semmelrogge
zum katholischen Religionsunterricht wie Hanna und
Florian. Und manche bleiben wie Katrin zum Ethik-
Unterricht bei Frau Kramer. Kinder aus den anderen
zweiten Klassen kommen überall dazu.

Katrin freut sich auf den Kuchen, den sie vorgestern
im Ethik-Unterricht gerührt haben. Der Hausmeister
hat versprochen, ihn zu backen. Heute soll der Kuchen
geteilt und gegessen werden. Ganz gerecht wollen sie
ihn teilen. Ob Franzi, die immer so hungrig ist, wohl
ein besonders großes Stück bekommt? Oder wäre das
nicht gerecht? Katrin würde der Franzi auch zwei Stück
Kuchen gönnen.

In der letzten Stunde geht Katrin zum Turnen in die
Halle. Frau Alzmann schimpft, weil Katrin ihren Turnanzug vergessen hat. Ohne Turnanzug darf man nicht
mitturnen. Katrin weint. Florian tröstet sie, und Hanna
redet so lange mit Frau Alzmann, bis sie Katrin doch

mitturnen läßt. Aber dann ist sie wieder eklig streng: Aufstellen! Abzählen! Still sein! Nicht trödeln! Hopp hopp! Höher! Weiter! Schneller!

«Hätte ich bloß nicht geweint!» denkt Katrin. «Dann müßte ich nicht mitmachen.»

Mittags auf dem Heimweg ist Katrin müde und mißmutig. Aber dann erzählt Florian Witze über dumme Lehrer, und Katrin lacht sich wieder fröhlich. Sie treffen sogar noch die Katze, die manchmal mittags auf der Straße ist, und streicheln sie ein Weilchen.

Bevor sie sich an der letzten Ecke trennen, gibt Katrin Max ganz schnell einen Kuß. Dann rennt sie heim.

«Bis morgen, Annabella!» schreit er hinter ihr her. Aber sie schaut sich nicht mehr nach ihm um.

Zu Hause macht Mama die Türe auf, als Katrin klingelt.

«Na, wie war's in der Schule?» fragt sie wie jeden Tag.

«Wie immer!» sagt Katrin. «Was gibts zu essen?»

In Wirklichkeit ist jeder neue Schultag anders als alle vorher.

Und es gibt kein zweites Klassenzimmer wie das von Katrin.

Und keine andere Lehrerin wie Frau Kramer.

Und erst die Kinder in der Grundschule – wie verschieden!

Manche rennen, manche trödeln morgens zur Schule.

Manche werden hingefahren.

Manche Kinder kennen keinen Morgenkreis.

Viele dürfen sich nie ihre Aufgabe selbst auswählen.

Einige haben einen Lehrer und nicht lauter Lehrerinnen wie Katrin.

Vielzuviele müssen immerzu nach vorn zur Tafel schauen.

Und die allermeisten Kinder rühren niemals einen Kuchen in der Schule.

Aber alle möchten, daß es in der Schule gerecht zugeht.

Und wenn sie heimkommen und man sie fragt: «Na, wie war's in der Schule?» dann sagen sehr, sehr viele Kinder nur schnell: «Wie immer!»

Wenn die Schule aus ist, wollen sie nur noch spielen.

Peter Wapnewski
Herr Michel oder Das Ideal und das Leben

Nein, kein Schabernack, keine Schülerposse, keine Lehrerschnurre. Keine «Feuerzangenbowlen»-Fidelitas also, – wie sie gewissermaßen gesetzmäßig zur Schulwirklichkeit gehört, spielerische Ausdrucksform eines Machtkampfes. Denn alle Pädagogik ist die Auseinandersetzung zwischen solchen, die Macht ausüben und solchen, die als Bemächtigte sich wehren. Die Kunst ist, die jeweils andere Partei keinen Schaden nehmen zu lassen bei diesem bitterernsten – und manchmal bitterbösen – Spiel. (Zuweilen – und das sind die Glücksmomente für den Erzieher und die zu Erziehenden – kann es indes auch ein heiteres sein.) Dies ist vielmehr die Geschichte von einem, der sich bewährte, als er nach herkömmlichen Maßstäben versagte, als er «unvernünftig» handelte. Die Geschichte einer Schulklasse, die versagte, als sie nach herkömmlichen Maßstäben «vernünftig» handelte.

Kiel, Sommer 1938. Die Untersekunda A fühlte sich wohl im neu bestätigten Selbstgefühl: die Lehrer redeten uns von dieser Klasse ab mit «Sie» an, das gab uns einen Schein von Reife. Unser Humanistisches Gymnasium berief sich auch gern auf seinen ehrwürdigen Titel: «Alte Kieler Gelehrtenschule», das fanden wir Schüler eher komisch, unsere Lehrer aber meinten es ernst. Wenngleich ihre Verwurzelung in der Tradition die meisten von ihnen nicht hinderte, sich der neuen Zeit gefällig zur Verfügung zu stellen. Heraklit und Braunhemd, Hölderlin und Marschgesang, das ließ sich vereinigen und vereinbaren, man mußte es nur recht anfangen. Aber das ist eine andere Geschichte, sie ist schon oft erzählt, sie ist endlos.

«Sie kriegen», sagte der Klassenlehrer (er nannte sich fein «Ordinarius»), «Sie kriegen für die nächsten Wochen in Griechisch und Latein einen Referendar». Das hörten wir gerne, es hieß: Die Jagd ist auf, denn mit dem untrüglichen Instinkt des Schwachen für den noch Schwächeren wußten Schüler, daß man mit Referendaren straflos umspringen, sie irritieren, bloßstellen, quälen kann. Der sich austobende Sadismus der Jungen und seine Folgen wird von der Obrigkeit jeweils ausgelegt als Mangel an pädagogischem Vermögen des anzulernenden Kollegen.

Der Referendar hieß Michel, hieß so mit Nachnamen. Kleinwüchsig, schmal, ein an römische Charakterzüge erinnerndes Gesicht mit also einem Anflug von Askese darin. Die Stimme leise, die Gestik lebhaft. Er trug den einen wie den anderen Tag das nämliche Jackett, einen Sakko, dessen Farbe auf unbestimmte Weise changierte, aber es dominierte ein lila-blauer Schimmer: Wir hatten Anlaß, uns zu mokieren. Herr Michel machte mit uns durch, was andere Referendare auch durchgemacht hatten, keine Sache von Belang. Bis er eines Tages für eine Sensation sorgte. Wir hatten eine Klassenarbeit zu schreiben, und nun bot er an, was völlig absurd erschien und gegen alle Konventionen des Schüler-Lehrer-Verhältnisses verstieß, die prinzipiell gegebene und auf gegenseitigem Mißtrauen gegründete Gegnerschaft ignorierte. Er bot uns an, nach Verlesen der Aufgabe, nach Verteilung des zu übersetzenden Textes den Klassenraum zu verlassen. Uns der eigenen Aufsicht anheimzugeben. Dies unter der Bedingung, daß wir treulich zusicherten, nicht voneinander abzuschreiben und uns auch sonst keiner unerlaubten Hilfsmittel zu bedienen.

Wir waren sprachlos, nahezu hilflos. Michel gab uns Zeit zum Überlegen. Wir berieten uns, und tags darauf stand unser Klassensprecher auf (er war von massiger

Statur und gewählt, weil er als Quartaner sich schon rasieren mußte) und versicherte im Namen der Klasse: Man werde sich an die Bedingung halten, ja, wir seien entschlossen, nicht voneinander abzuschreiben.

Ich meine mich zu erinnern, daß Michels Züge verstohlen aufleuchteten, erhellt von einem Gefühl wie dem des Glücks. Er gab uns, als es so weit war, den zu übersetzenden Text, er räumte die Klasse. Als er nach der Stunde unsere Hefte einsammelte, tat er es wie im Triumph mit fast tänzerischen Bewegungen und lud uns allesamt ein zu sich nach Haus. Den gleichen Nachmittag schon, und es werde Kaffee und Kuchen geben.

Es gab Kaffee und Kuchen. Auch wir ließen uns nicht lumpen, wir sammelten Geld, und der Klassenprimus schenkte in unserem Namen Herrn Michel ein schönes Buch. Ich meine mich zu erinnern, daß es sich um den Wassergeusen-Roman von Martin Luserke handelte: keine schlechte Wahl, denn der Autor war auch ein verdienter Pädagoge.

Michels Wohnung war karg, sie lag auch nicht in einer Gegend, die man «die gute» nannte. Er lebte zusammen mit seiner Mutter, der Vater war tot, von Beruf Buchdrucker. So erfuhren wir es im Laufe dieses Nachmittags schrittweis. Eines Nachmittags, der anders war als Gastgeber und Gäste sich wohl vorgestellt hatten. Das schien an Herrn Michel zu liegen: Seine Stimmung war gedrückt, nichts mehr war zu merken von jener leichtfüßigen Heiterkeit, die ihn morgens noch deutlich bestimmt hatte, als er das Resultat des mit uns geschlossenen Paktes – 20 Hefte – in Händen hielt. Wortkarg und melancholisch und merklich gehemmt war er kein rechter Partner für unsere jungenhaften Albernheiten, unser pueriles Geplapper. Wir spürten wohl, daß da eine Veränderung vor sich gegangen war.

Und das war geschehen: Als der Lehrer die Klasse sich selbst überlassen hatte, waren wir erst wie gelähmt. Weil wir eben durch das Unerhörte, das zutiefst Regelwidrige, den Verstoß gegen das Gesetzwerk des Gewohnten uns selbst entfremdet waren. Ein Vorgang, der seiner Natur nach der Fremdkontrolle unterworfen ist, sollte nun unserer eigenen Kontrolle anvertraut sein. Wir waren aufgerufen, autonome Menschen zu sein, uns selbst verantwortlich, und allein uns. Ein Angebot von Freiheit. Aber das Andere war stärker – das uns eingeschliffene Ritual. Es obsiegte das System.

Ein Versprechen zwar hatten wir ihm gegeben, aber mit dialektischer List meinten wir, uns seiner bindenden Wirkung entziehen zu können. «Abschreiben», das hieß «abgucken»; und das – so hatten wir es versprochen – würden wir nicht. Einer von uns aber löste den Bann, er hatte den befreienden Einfall: uns die richtige Übersetzung des heiklen Textes zuzurufen, gewissermaßen einander «abzuhören». Dieser Casus war vom Wortlaut unseres Vertrags nicht erfaßt, das also durften wir uns erlauben.

Und so geschah es, und keiner war da, der das Schäbige unsres Tuns laut machte, der versucht hätte, uns zu bewahren vor unserem Absturz in die eigene schlaue Nichtigkeit.

Als Michel uns bewirtete mit Kaffee und Kuchen, hatte er im ersten Überschwang seines vermeintlichen Erfolgs unsere Arbeiten schon durchgesehen – und war unserm perfiden Verhalten auf die Spur gekommen, gemeinsame Fehler bewiesen das gemeinsam praktizierte Komplott. Es war ein zaghaftes, ein verzagendes Lächeln, mit dem er uns entließ, als es Abend wurde. Und wir gingen mit einem beklommenen Gefühl nach Hause, vielleicht nicht ohne Ahnung, aber doch unwissend.

Der Rest ist bald erzählt. Die Klassenarbeit wurde nicht gewertet, es gab keine Zensuren, die nächste stand unter der gewohnten mißtrauenden Aufsicht. Im Kollegium aber hatte Michel einen schweren Stand, den von den Schülern Verlassenen verließen nun auch die Kollegen, ihm wurden mit dem Pathos der besserwissenden Erfahrung die ernstesten Vorhaltungen gemacht, und die Obrigkeit maßregelte ihn.

Im Jahr darauf gab es Krieg. Michel wurde Soldat, wir wurden Primaner. Eines Tages hieß es, er sei gefallen, den Heldentod gestorben wie so viele. Auch aus den Sekundanern des Jahres 1938 wurden Soldaten. Einige von uns haben überlebt.

Sybil Gräfin Schönfeldt
Weihnachten

Weihnachten – ach du liebe Zeit! sagen viele. Schon wieder! Kann man das nicht ausfallen lassen?

Seit Oktober sind die Zeitungen voll Weihnachtswerbung. Seit November dekorieren sich die Geschäfte mit Kerzen und Tannenzweigen und lassen Weihnachtslieder dudeln. Seit Anfang Dezember treiben sich in allen Einkaufszentren verfrorene Weihnachtsmänner herum.

Weihnachten? Hetze, Kaufrausch, Überdruß. Aber irgendwo darunter wohnt noch das alte Bild, wohnt noch der Wunsch, die Welt könne einmal im Jahr so werden, wie sie sein müßte, wie Weihnachten früher war, zumindest in der Erinnerung. Und so war es bei uns:

Mein Großvater haßte alles, was den friedlichen Trott der Alltage störte, und zitierte alle Jahre wieder: «Nichts ist schwerer zu ertragen als eine Reihe von guten Tagen!» Aber das nutzte ihm nichts. Meine Großmutter liebte Feste und feierlich gedeckte Tische und vor allem fröhliche Gäste. Und wenn das Schlimmste vorüber war – der Hausputz in der ersten Adventswoche –, wenn er sich wieder in den frisch geklopften Lehnsessel am grünen Kachelofen zurückziehen und darüber nachdenken konnte, was wir noch alles tun müßten, ergab sich der alte Mann in das Unvermeidliche.

Es war auch für ihn viel zu tun: Er mußte den Wein, die Tanne und die Gans besorgen. Vor dem Krieg war das eine Lustpartie: Wir fuhren alle miteinander zu unserem Bauern, der uns auch im Herbst mit dem einspännigen Leiterwagen die Äpfel brachte – Gravensteiner, Calville und eine rotbäckige späte Sorte für die Weihnachtsteller –, bekamen Kaffee und Butterkuchen vorgesetzt und begutachteten die Gänse. Ich hatte Angst vor den

Riesenvögeln mit den Zischelschnäbeln und dem unangenehm glatten Gefieder, aber meine Großmutter betastete ihnen beherzt den Bauch und prüfte den Fettansatz. Später, wenn sie gerupft, aber noch mit Kopf und kalten gelben Füßen in einem Leinensack auf dem Balkon im Kalten hingen, traute ich mich näher und starrte sie voll Verlangen an.

Hing die Gans dann glücklich am Haken in der Kälte, begann das Plätzchenbacken, und wenn ich aus der Schule kam, duftete die ganze Wohnung nach Zimt, Kardamon und gerösteten Nüssen. Jedes Jahr rollte mein Großvater geduldig den zähen festen Teig für die braunen Kuchen aus Mecklenburg aus, der mindestens eine Woche im braunen Topf unter einem Tuch in der Speisekammer hatte rasten müssen. Meine Großmutter und ich stachen den Teig aus und verzierten die Herzen und Sterne und Schweinchen mit Mandeln und später, im Krieg, mit mühsam ausgepulten Bucheckern. Der Großvater wartete dann nicht ohne Gier auf das erste Blech mit dem fertigen mürben Gebäck, um «die Herzen, die ihr wieder so habt verbrennen lassen, daß man sie nicht auf den Weihnachtsteller legen kann,» gleich aufzufuttern. Ein paar Spekulatius und Honigkuchen gab es immer an den Adventssonntagen zum Tee, ein paar Plätzchen wurden in grüne Papierservietten mit roter Seidenschleife verpackt und als Probiergruß an die Nachbarn verschenkt, aber der Rest, der herrliche große Rest wartete auf den Heiligen Abend.

Und dann endlich: der Tag vor dem Heiligen Abend, der Vorkochtag. Zuerst kam der Heringssalat an die Reihe. Etwa gleich viel gekochtes Kalbfleisch, Pellkartoffeln, rote Bete, Sellerie, Äpfel, Gewürzgurken und Heringe, mit Kapern und Weißweinmarinade gemischt und bis zum nächsten Tag zum Ziehen stehen gelassen (im Lauf der Kriegszeit verschwand zuerst das Kalbfleisch und dann der Hering, aber auch ohne Fleisch und Fisch war der Salat ein Genuß). Alle saßen dabei um den runden Tisch im Wohnzimmer, jeder ein Brettchen vor sich, und während sich in der großen Schüssel Grün, Weiß und Rot mischten, während der Großvater ein Schnäpschen anbot, begann die Großmutter in der Küche die sieben Sachen für den Rotkohl zusammenzuräumen: Kohl und Zwiebeln, Äpfel und Nelken, Schmalz, Zucker und Salz. Und während eine Tante den Salat in die Speisekammer trug, stoben die anderen vom Wohnzimmer in die Küche, und wieder begann das Schneiden und Schwatzen. Aber die Männer hatten genug; sie blieben, wo sie waren, und beratschlagten, welchen Wein sie für morgen aus dem Keller holen sollten.

Die letzte Vorbereitung: Eßkastanien für die Füllung im Gänsebauch kochen, rösten und pellen, während die Großmutter das Kasseler Fleisch im großen blauen Suppentopf mit Lorbeerblatt und Zwiebeln zum Kochen aufsetzte, langsam und leise gar kochte und im eigenen Sud erkalten ließ. Großvater aber holte den Baum vom Balkon, schraubte ihn in den alten gußeisernen Fuß, und die Tanten durften ihn schmücken: Lametta, Faden für Faden nebeneinander, wie schmelzender Schnee, silberne Kugeln, schneeweiße Kerzen, niemals etwas anderes, niemals mehr.

Am Vormittag des Heiligen Abends strömten Kinder und Gäste aus, um von überall noch das Fehlende herbeizuschaffen: den Stollen und ein Stück Baumkuchen vom Konditor, Weißbrot für die Feiertage vom Bäcker, die gute Göttinger Wurst vom Schlachter, die Gänseleber vom Kolonialwarenhändler. Alles andere wartete schon in Keller und Speisekammer: Sahne und Marzipan, Schinken und gezuckerte Früchte, und die Großeltern gingen unterdessen allein durch das Haus, schweigend und ganz konzentriert, und bauten die Gabentische im Salon auf. Jeder Tisch wurde dann mit einer weißen Serviette zugedeckt, und damit war alles geschehen.

Mittags, nach dem Heringssalat, legten sich die Erwachsenen ein Stündchen schlafen, und ich dachte an den Baum im kalten, ungeheizten Salon – das Lametta zittert leise im frühen Dämmer, es duftet nach Spekulatius und Zimtsternen, und ich weiß nicht, ob ich glauben kann, daß das Kind in der Krippe wirklich Gott ist. Doch am Nachmittag in der Kirche sang selbst mein Großvater mit seiner brummigen Stimme «Tochter Zion, freue dich», und wenn er daheim die Kerzen angezündet hatte und das kühle Zimmer plötzlich nur noch himmlischer Glanz war, wuchs das Verlangen, dankbar zu sein, nicht nur den Menschen um mich herum.

Schnee – ach, eigentlich gehörte Schnee dazu. Er müßte leise, leise aus dem grauen Himmel zu schweben beginnen, wenn alle am Nachmittag in die Kirche gingen und sich die Weihnachtslieder aus der Seele sangen, bis sie ganz erschöpft waren, und er müßte unberührt und unglaublich weiß auf Weg und Steg liegen, wenn man aus der Kirche trat, müßte knirschen unter den Schritten und glitzern und glitzern im Licht, das aus dem offenen Portal brach.

So war es natürlich nicht immer, aber wenn auch das dazu kam, sprach man immer wieder davon.

Wieder daheim, wieder im warmen Zimmer. Der Großvater ließ es sich nicht nehmen, noch einmal das Weihnachtsevangelium zu lesen. Bei den Nachbarn setzte sich die ganze Familie an ihre Instrumente, und sie spielten und sangen, bis der Vater alle Kerzen am Baum angezündet hatte. Ich hätte gerne mitgesungen, aber ich wußte, morgen würden sie wieder spielen, dann auch für mich, und ich wäre dabei. Und so hörte ich geduldig dem Großvater zu, genau so wie der Onkel, der auch mit in die Nachmittagskirche gewandert war, weil er die Weihnachtslieder so gerne hatte und mit lautem Schalle sang, aber dann später in die Vigil ging, in die Mitternachtsmette. Es begleitete ihn, wer noch nicht zu müde war. Nie werde ich vergessen, wie wir einmal, Jahre danach, in Wien in den Stephansdom gingen, in das Kirchendämmer der Heiligen Nacht, und zwischen den Säulen wie im Waldesdämmer standen, zwischen schweigenden Menschen im Kerzenlicht. Dann begann die mächtige Stimme der Pummerin zu dröhnen und zu summen, der größten Glocke der Welt, wie es einem vorkommt, aber das ist wahrhaftig eine andere Geschichte. Sie zeigt vielleicht, daß Weihnachten wirklich alles möglich ist. Alle knien vor der Krippe, alle haben ihre Hoffnung, wenn auch nur so lange, wie die Pummerin vom Turme ruft.

Ein winziger Unterschied bleibt in dieser Nacht: die Mahlzeit, die fast unausrottbaren Gewohnheiten des Essens. Für die Katholischen gehört der Heilige Abend noch zur Fastenzeit. Es kann also nur Fisch geben, den blauen Karpfen. Für die Evangelischen ist der mittägliche Heringssalat nur noch ein Zitat, eine Sitte mit vergessenem Sinn. Bei uns war es einfach: Meine Großmutter mochte ihren Heringssalat – was kein Wunder war – und haßte den fettigen Dunst des Karpfentopfes.

So war bei uns alles entschieden, und so verlief der Abend nach Kirche und Großvaters Vorlesen aus der Bibel wie immer: Bescherung im festlichen Kleid, sanftes Kerzenlicht, das die Tanten und die Großmutter verjüngt; dann das Essen am großen ausgezogenen Tisch mit dem Weihnachtsläufer, winzigen Tannensträußen, Silber; kaltes Kasseler Fleisch mit Cumberland-Sauce, Kartoffelpüree und Salaten, dazu weißer und roter Wein aus Karaffen, auch für mich ein Glas; danach Großmutters berühmter Kaiserinnen-Reis und von Großvaters Zigarren bitteres Aroma nach all der Süßigkeit.

Am nächsten Morgen das Schönste vom ganzen Fest: barfuß und im Nachthemd durch die warmen Räume ins Weihnachtszimmer laufen, zwischen Geschenken, Harzduft und Knusperteller sitzen und alles genießen, während die spärliche Helligkeit durch die Portieren kroch. Endlos schien dieser Moment zu sein. Unterdessen begann die Herrschaft der Gans, die wohlgefüllt und mit allen Segenswünschen in den Backofen wanderte. Dies war ihr Tag, sie war stärker als frischer Stollen und Kaffee, sie lockte die Frauen in die Küche. Diese begossen die blasse Pelle eifrig und immer wieder und betrachteten sie: wie sich allmählich die erste erfreuliche knusprige Bräune entwickelte.

Sie sprachen dabei von allen Weihnachtsgänsen, die sie je gebraten hatten, und der Großvater bot den Gänsehüterinnen Sherry an. Der Steinguttopf füllte sich langsam mit abgeschöpftem Schmalz, die Wangen der Frauen röteten sich, und dann thronte der Vogel, noch leise zischelnd, zwischen Äpfeln und Kastanien auf der großen Platte mitten auf dem Tisch, und der Großvater schwang das Messer. Die Gans war immer wohlgelungen, machte alle satt, und danach gab es eine Mandelcreme, und danach stöhnte jeder zufrieden und behauptete, nie wieder etwas zu sich nehmen zu können, nur ein Schlückchen Kognak wegen des fetten Fleisches.

Meine Großmutter nahm das ernst. Sie kochte nicht übermäßig gern und hatte keine Lust, in den Feiertagen nur in der Küche zu stehen und abzuwaschen. Sie verarbeitete den Gänserest zu einem scharfen Curry, und vom kalten Kasseler war noch genügend da für viele kalte Platten. Außerdem: Die Nachbarn luden ein, und die Großtante lauerte nur darauf, in der Küche das Regiment übernehmen zu können und zu backen, und dann war schon das Jahr herum, und man mußte wieder an anderes denken.

Sten Nadolny
Hans im Glück

Wie fängt man ein Gespräch an? Vielleicht eine seltsame
Frage, denn meist ergeben sich Gespräche entweder von
selbst, zum Beispiel aus einer gemeinsamen Beobachtung, oder sie beginnen mit dem, was einer vom anderen
will: «Stört es Sie, wenn ich das Fenster öffne?» Aber es
gibt Gelegenheiten, bei denen Menschen ein Gespräch
beginnen wollen und nicht wissen, wie. Zudem gibt es
noch Leute, die die Welt verbessern wollen, und zwar
dadurch, daß sie selbst gut sind. Sie sind meist auch der
Ansicht, daß Menschen mehr miteinander reden sollten.
Und deshalb versuchen sie wenigstens ihrerseits, Gespräche zu beginnen. Aber wie?

Diesen Ratlosen kann geholfen werden. Meine mütterliche Freundin, ihr Name ist Charlotte, hat ein wirksa-
mes Rezept gefunden, jeden, aber auch jeden in ein Gespräch zu verwickeln. Und ohne die bekannten Neben-
wirkungen: Krankheitsgeschichten, Großsprecherei, Vor-
würfe gegen Dritte, Moralisieren.

Charlotte will nicht gut oder vorbildlich sein, sie ist
nur neugierig auf das, was in Köpfen vorgeht. Sie liebt
übrigens Märchen und hat an einige eine genaue Erinnerung seit der Kindheit. Wie fast alle Menschen auf der
ganzen Welt.

Ich habe ihre Methode ausprobiert. Und sie geht!

Sie stupsen einfach mit dem Finger auf die Zeitung, die
Sie gerade lesen, oder auf die Seite eines Buches, oder
blicken in die Luft und wenden sich dann abrupt Ihrem
Opfer zu: «Hans im Glück! Sagen Sie – Hans im Glück –
wissen Sie noch, wie die Geschichte ging? Der hatte eine
Kuh, nicht? Ich krieg's nicht zusammen...»

Sie bekommen auf diese Frage viele Antworten, und
keine gleicht der anderen. Sie erkennen sofort die Pedan-

ten: «Das ist doch eines von den Märchen, die die Brüder Grimm gesammelt haben. Anfang des neunzehnten Jahrhunderts also. Ja, den genauen Inhalt könnte ich jetzt nicht sofort... das müßte ich nachschlagen. Am Anfang hat er einen großen Goldklumpen, und am Schluß nichts mehr. Er tauscht, was er hat, immer wieder ein, und jedes Mal gegen Schlechteres. Ein Dummkopf.»

Oder Sie begegnen jemandem, der aufblüht, wenn er in seine eigene Kindheit zurück darf, und er hat nichts vergessen: «Ja, aber das war ein Goldklumpen. Den bekommt er von seinem Meister, weil er so treu und fleißig gewesen ist. Jetzt will er zu seiner Mutter zurück. Am Ende kommt er dort an, das ist die Hauptsache, und er ist glücklich, weil sie noch lebt und ihm einen guten Brei kocht.»

Sie treffen den Gedächtnisstolzen, der die Augen zukneift und nach scharfem Nachdenken das Skelett des Märchens präsentiert: «Erst der Goldklumpen, der ist dem Hans zu schwer. Da kommt einer mit einem Pferd, will den Goldklumpen haben, preist das Pferd: man müsse es nicht schleppen wie einen Goldklumpen, im Gegenteil, das Pferd trage den Reiter. Aber dann wirft das Pferd den Hans ab. Es kommt wie gerufen ein anderer, der ihm eine Kuh anbietet. Die werfe niemanden ab, sondern gebe Milch. Allerdings muß Hans sie melken. Da kommt einer mit einem Schwein...»

Oder es entpuppt sich jemand als Philosoph: «Hans im Glück? Das einzige deutsche Märchen, in dem sich jemand von störendem Besitz zu trennen versteht – und das ohne christliche Frömmelei! Als seine Hände leer sind, ist er glücklich und zu Hause.»

Dann gibt es die, die sofort Parallelen ziehen: «Hans. Genau! Goldklumpen. Erinnert mich an einen der Studenten von 1968, wie hieß er gleich? Erbte sieben Millionen Mark und übergab sie dem Vietcong zur Fortsetzung des ‹antiimperialistischen Kampfes›. Wir waren voll Bewunderung, schüttelten aber die Köpfe. Zwanzig Jahre später atmeten wir auf: Der Mann bekam eine Beamtenstellung, war endlich sicher, auch vor sich selbst.»

Oder Sie hören aktuelle deutsche Politik: «Hans im Glück, das ist ein Vorbild für die sogenannten ‹Alteigentümer›, die wegen der Wiederherstellung alter Rechte Grundbesitz in der ehemaligen ostdeutschen Republik übernehmen könnten. Sie wissen zwar nicht, was sie damit sollen, aber sie sind unfähig zu verzichten. Die Lehre des Märchens lautet: Weg damit! Verschenken oder so gut wie verschenken! Dann bist du frei, hast sogar moralisch gehandelt!»

Oder die psychologische Erklärung, die auf das Gegenteil hinausläuft: «Hans fühlt, daß Besitz Verantwortung bedeutet. Er will aber nicht erwachsen werden, sondern Kind bleiben. Daher erfindet er mit großer Intelligenz Gründe, warum er seinen Besitz so lange verkleinern muß, bis nichts mehr davon da ist. Dann geht er zu seiner Mutter, und sie kann ihm jetzt wirklich Mutter sein, denn er kommt wie ein Kind vom Spielen, mit leeren Händen und hungrigem Magen.»

Die Methode zeigt Ihnen, wes Geistes Kind der andere ist. Das Märchen, an das *er* sich erinnert, sagt über ihn alles. Wenn Ihnen der Antwortende sympathisch ist, können Sie mühelos Fragen über sein eigenes Leben anschließen. Wenn nicht, sagen Sie «Danke, Sie haben mir sehr geholfen!» und lesen weiter.

Ich habe, um das noch zu sagen, über «Hans im Glück» meine eigene Theorie. Er ist Erzähler. Besitz ist ihm nur Grund und Gelegenheit, um zu erzählen oder zuzuhören. Als alles erzählt ist, geht er nach Hause zu seiner Mutter. Ihr Name ist Charlotte.

Günter Grass
Willy Brandt im Warschauer Ghetto

Lieber Hartmut von Hentig,
Ja, es stimmt, ich war dabei, als Willy Brandt dort, wo
einst das Warschauer Ghetto gewesen ist, auf die Knie
ging. Aber was heißt das: Ich war dabei? Was erlebt man,
in der Menge stehend, abgedrängt von Sicherheitsbeam-
ten, vermeintlich dem Protokollverlauf folgend? An jenem Dezembertag des Jahres 1970 geschah etwas außerhalb der zeremoniellen Riten. Plötzlich wurde ein Bild
gesetzt. Ein Deutscher, ein Politiker und Sozialdemokrat
kniete nieder. Handelte er allein für sich? Hatte der Emigrant Willy Brandt Gründe, stellvertretend zu handeln?
War er sich der Dimension seines Handelns bewußt?
  Der miterlebte Augenblick ist in Kürze zu beschreiben.
Ich erinnere mich an ein kurzes Erschrecken, an die
Wahrnehmung: etwas Unglaubliches geschieht. Dann
herrschte nur noch das Klicken der Kameras; die Welt
nahm Notiz, und mein folgender Gedanke verlief bereits in ängstlichen Bahnen. Wie wird man in Deutschland des Kanzlers Geste verstehen? Ist nicht zu befürch-
ten, daß sich die Meute seiner politischen Feinde, die
Springer-Presse voran, abermals auf ihn stürzen wird?
Ängste, die ihren Nährboden hatten; war doch die Haltung dieses Mannes, der den Rückfall der Deutschen in
die Barbarei von Jugend an bekämpft hatte, der Anlaß
für seit Jahren anhaltende Verleumdungen gewesen.
  Um meine damaligen Befürchtungen zu verstehen,
muß ich mir weitere Erfahrungen wachrufen. Willy
Brandts Reise nach Warschau war Teil der von ihm ge-
wollten und gestalteten Entspannungspolitik; im Jahr
zuvor hatten ihm dazu die Wähler den Auftrag erteilt.
Aus politischer Einsicht bewies er den Mut, das ideo-
logische Grabensystem des Kalten Krieges zu unterlau-

fen. Er nahm die Folgen des von den Deutschen begonnenen und verlorenen Kriegs auf sich und handelte aus Verantwortung. Die Reise nach Warschau bedeutete ja nicht nur – was viel war – die Anerkennung der Oder-Neiße-Linie als östliche Grenze Deutschlands, vielmehr galt Warschau als der Ort, von dem aus der von uns Deutschen zu verantwortende Völkermord an den Juden seinen Ausgang genommen hatte. Eine solch beschwerliche Reise war von Anbeginn umstritten.

Deshalb muß an den Haß erinnert werden, der damals von den politischen Gegnern bewußt geschürt und wenn nicht direkt gegen den Bundeskanzler, dann stellvertretend gegen Egon Bahr, einen seiner engsten Mitarbeiter, gerichtet war. Und schon befinden wir uns in der Gegenwart, denn, genau gewichtet, sind die jüngsten Versuche, nun – nach Willy Brandts Tod – seinen vertrauten Freund zu Fall zu bringen, nur die Fortsetzung der damals gescheiterten Anstrengungen. Abermals gibt Egon Bahr die Zielscheibe ab, aber getroffen werden soll nach wie vor Willy Brandt und dessen Andenken; denunziert wird abermals eine Haltung, als deren Konsequenz der Warschauer Kniefall zu begreifen ist.

Sie sehen, lieber Hartmut von Hentig, wie schwer dieser Augenblick deutscher Geschichte auf das bloße und äußere Geschehen zu begrenzen ist. Wenige Stunden später sprach ich mit polnischen Freunden, die die so augenfällige Tat des Bundeskanzlers aus ihrer Sicht und Erfahrung in erweiterten Dimensionen zu verstehen versuchten. Bisher stand für sie das polnische Leid im Vordergrund. Nun aber wurden (von Brandt gewiß unbeabsichtigt) polnische Versäumnisse und Tabuisierungen deutlich, die sich noch kürzlich bei den Gedenkfeiern in Auschwitz zeigten, als es dem polnischen Staatspräsidenten schwerfiel, die angemessene Haltung zu finden.

Und weiter ist mir erinnerlich: Wenige Tage nach der Unterzeichnung der ersten deutsch-polnischen Verträge begann in den polnischen Hafenstädten der Streik der Werftarbeiter. In Gdańsk – dem einstigen Danzig – schoß die Miliz auf Arbeiter; es gab Tote. Zugleich gab es erste Anzeichen freier gewerkschaftlicher Organisation. Sie signalisierten das Entstehen der Arbeiterbewegung Solidarność. Das Gefüge des sowjetischen Machtsystems zeigte erste Risse. Eine Entwicklung zeichnete sich ab, die, mitbewirkt durch Willy Brandts Entspannungspolitik, das Ende der Ost-West-Konfrontation herbeigeführt hat.

Ja, ich bin dabeigewesen. Abgedrängt sah ich im Ausschnitt den knieenden Kanzler: ein wortloses Geschehen, das alles sagte. Und jetzt, da ich Ihnen schreibe, erlebe ich abermals jenen Schock, der meine ängstlichen Sorgen herbeigerufen hat. Sorgen, die geblieben sind, denn noch immer oder schon wieder erregt Willy Brandts Kniefall Anstoß.

Freundlich grüßt Sie Ihr G. G.

Hanno Helbling
«Sie mit Ihren Fanfaren…»
Eine Geschichte aus dem Sommer 1870

Man speiste bei offenen Fenstern und ließ sich durch die Geräusche nicht stören, die von der Straße heraufdrangen. Bismarck hatte die Kerzen anzünden lassen, die vorerst dem Tafelsilber einen wärmeren Schimmer verliehen als das abendliche Licht, das schon etwas stumpfer durch die leise bewegten Tüllgardinen hereinfiel. Während eben der Fisch gereicht wurde, überbrachte der angehende Legationsrat Jobst von dem Knesebeck eine Depesche. Bismarck überflog sie und ließ sie dann neben dem Teller liegen. «Und stellen Sie sich vor», sagte er zu seinen Gästen Moltke und Roon, «keine zwei Stunden, nachdem der Esel die Büchse mit dem verschobenen Korn in Empfang genommen und sich in den Wald getrollt hat, steht er wieder da, strahlt wie ein Maikäfer und bedankt sich für den kapitalen Bock, den er meinem Revier hat entnehmen dürfen.» «Tableau!» rief Moltke, und Roon fügte kopfschüttelnd ein «Donnerwetter!» hinzu; beide blickten den Erzähler fragend an.

«Dieser feine Waidmann», erläuterte Bismarck, «ist über die erste Wurzel gestolpert, die in seinem Weg lag. Er fällt also hin, das Gewehr fällt auch, und wie er es wieder aufnimmt, will er sich davon überzeugen, daß es keinen Schaden genommen hat. Und siehe da: das Korn ist verschoben. ‹Welch ein Glück, daß ich das entdeckt habe› – sagt er *mir*! und ich muß ihn noch beglückwünschen, zu seiner Umsicht und zu dem Bock, den ich jedem anderen eher gegönnt hätte als diesem – warten Sie noch auf etwas?» unterbrach er sich, da er sah, daß Knesebeck stehen geblieben war.

«Exzellenz», sagte der junge Beamte, «werden bemerkt

haben, daß in der Depesche, die ich Eurer Exzellenz vorzulegen die Ehre hatte, Eurer Exzellenz anheimgestellt wird, dieselbe vielleicht noch weiterer Bearbeitung –»
«Gar nichts habe ich bemerkt», antwortete Bismarck, «außer daß Sie in einem einzigen Satz, der noch nicht einmal fertig ist, dreimal ‹Exzellenz› gesagt haben. Darüber ist der Fisch kalt geworden, und ich soll nun also Ihre Depesche lesen, obwohl sie nur wieder von der Hohenzollerschen Kandidatur auf den spanischen Thron handelt, die ihren einzigen Zweck längst erreicht hat, nämlich die Herren Franzosen ein wenig zu ärgern. Ja, sehen Sie», fuhr er fort, nun wieder zu seinen Gästen gewandt, «da teilt also der gute Abeken mit, der französische Botschafter habe sich auch noch auf der Kurpromenade in Ems an Seine Majestät den König herangemacht und auf eine immerwährende Garantie gedrungen, wonach die preußische Regierung nie wieder einer solchen Kandidatur zustimmen werde.»

«Unerhört!» riefen Moltke und Roon wie aus einem Munde. Und der Kriegsminister fügte bei: «Ich kann schon das eine nicht verstehen: Warum läßt sich Allerhöchstderselbe in eigener Person zu einer Unterredung mit einem fremden Agenten herbei? Dafür gibt es doch ein Ministerium.» Bismarck lächelte.

«Man merkt, lieber Roon», sagte er, «daß Sie nie Botschafter gewesen sind. Ich selber war es und hätte mich in dieser Eigenschaft ungern als ‹fremder Agent› tituliert gefunden. Aber wie dem auch sei, Seine Majestät hat, wie ich hier lese, Herrn Benedetti ‹zuletzt ein wenig ernst› zurückgewiesen. Das wollen wir ja nun nicht publizieren, dem französischen Ministerium wird es jedoch in geeigneter Form zur Kenntnis gebracht werden. – Aber natürlich», sagte er zu Moltke und reichte ihm das Blatt über den Tisch, während der Chef des Großen Generalstabs seine Brille hervorsuchte. Inzwischen wurde der Fisch abgetragen, und der Gastgeber griff nach der Karaffe mit dem Rotwein.

«Ich verstehe jetzt», sagte Moltke, nachdem er gelesen hatte, «worauf dieser junge Mann – übrigens Enkel eines unserer großen Soldaten – immer noch wartet. Hier steht: ‹Seine Majestät stellt Eurer Exzellenz anheim, ob nicht die neue Forderung Benedettis und ihre Zurückweisung sogleich, sowohl unsern Gesandten als in der Presse, mitgeteilt werden sollte.› Daß Ihnen dies mit solchen Worten ‹anheimgestellt› wird, scheint mir doch beinahe zu bedeuten, daß Seine Majestät es wünscht.»

«Meinen Sie?» fragte Bismarck und hielt sein Glas, das er inzwischen eigenhändig gefüllt hatte, vor eine Kerze; sein Lächeln konnte das Wohlgefallen an der rubinroten Farbe spiegeln. Aber Roon lächelte gleichfalls und meinte: «So wie wir unseren Freund kennen, lieber Moltke, wird er die Meinung Allerhöchstdesselben dahin deuten, daß ihm anheimgestellt werde, ob er aus diesem Satz einen Wunsch oder doch eher nur eine unvorgreifliche Anregung herauslesen wolle.»

«Aber sehen Sie doch», erwiderte Moltke, «wie wünschenswert es tatsächlich wäre, den Franzosen zu bedeuten… Wie stehen wir denn da! Wir sympathisieren mit der Kandidatur eines deutschen Fürstenhauses auf den spanischen Thron –» «Nicht offiziell!» warf Bismarck ein. «Gleichviel, man schreibt uns diese Sympathie zu – und wie sollte man nicht. Die französische Regierung entsetzt sich, in Diplomatie und Presse werden ein paar Schüsse abgegeben, und schon verzichten die Hohenzollern, distanziert sich die preußische Regierung, und Seine Majestät muß sich obendrein die Anrempelung – jawohl, die Anrempelung! Wissen Sie was?» fragte Moltke und blickte von einem zum andern. «Wenn man diese Depesche gründlich redigierte – die unerhörte Zumutung und die Zurückweisung durch Seine Majestät, die hier noch einen etwas zahmen Eindruck macht, aber das ist eine Frage der Formulierung – meine Herren, das gäbe einen Klang, einen Fanfarenklang... Haben Sie denn gar keine Lust, diesem Operettenkaiser einen gehörigen Schrecken einzujagen?»

«Ach, Moltke», sagte Bismarck, «Sie mit Ihren Fanfaren... Ich verstehe Sie ja. Wer spielte nicht gern ein wenig mit dem Feuer. Und ebenso gern will ich glauben, daß der hoffnungsvolle junge Knesebeck sich nicht weniger tapfer schlagen würde als sein Großvater, wenn es darauf ankäme – aber sollen *wir* es darauf ankommen *lassen*? Ich schlage Ihnen etwas anderes vor: erstens, wir sorgen dafür, daß die Hammelkeule, die hier gebracht wird, nicht auch noch kalt wird. Und zweitens, wir bitten Herrn von dem Knesebeck, sich zu vergewissern, daß unserer Gesandtschaft in Paris das Telegramm aus Ems zu vertraulichem Gebrauch übermittelt wird. Zum Lohn dafür, daß er so lange hier gestanden und gewartet hat, soll er sich nächstens selbst zu dieser Gesandtschaft verfügen dürfen – was meinen Sie, Roon?»

Der Kriegsminister nahm sich ein Stück von der Hammelkeule, die ihm als erstem gereicht wurde, bevor er antwortete: «Es klingt wie Chamade – aber wenn unser Gastgeber dafür sorgt, daß auch wir ein Glas Wein bekommen, habe ich nichts dagegen, auf eine friedliche Zukunft anzustoßen.»

Herbert Rosendorfer
Eine kurze Rede bei Fernet Branca über Karl den Großen

Die welthistorische Hinterlassenschaft Karls des Großen strahlt bis heute *(sagte Professor Ygdrasilovič)* oder wenigstens bis gestern. Er gilt als Heiliger. Daß er heiliggesprochen wäre, ist nicht überliefert, aber im Heiligenkalender steht er. Sie wissen *(fuhr Professor Ygdrasilovič fort)*, daß nach dem Zweiten Vaticanum das Heilige Officium – das selber auch gar nicht mehr so heißt, fragen Sie mich aber nicht nach dem neumodischen Namen – damit begonnen hat, den Heiligenkalender zu entrümpeln. Alle Heiligen, die es historisch belegbar nie gegeben hat, sind hinausgeflogen. Die heilige Cäcilie war darunter, der heilige Christophorus und viele mehr. Nun ist Sanct Carolus Magnus unzweifelhaft historisch – nur: ist er heilig? war er heilig? Aber kann einer, der schon einmal im Heiligenkalender stand, auf einen normalen Sünder zurückgestuft werden?

(Professor Ygdrasilovič nahm einen Schluck Fernet Branca.) Ein braunes Gesöff *(sagte er entschuldigend).* Es enthält Aloe. Wenn man zu viel davon trinkt, wird man süchtig. Bräuchte es bei mir gar nicht; ich trinke ihn, auch ohne danach süchtig zu sein, ununterbrochen. Ja. Carlomagno, Charlemagne. Heilig oder nicht? Bei Verden an der Aller und auch sonst hat er die Sachsen abgeschlachtet. Das spricht eher für Heiligkeit. Warum? Vorweggenommene Vorsicht: War nicht Luther Sachse? Eben. Da hat unser Carolus offenbar ein paar zu wenig umgebracht.

Aber *(hob Professor Ygdrasilovič den Finger)* nach seinem Tod. Am 28. Januar 814 ist er, nach längerem Siechtum, aber nur einer Woche schwerer Krankheit gestorben. Der neue Kaiser, sein Sohn Ludwig, den sie später «den Frommen» nannten, eilte zur Kaiserpfalz nach Aachen – ich dramatisiere etwas –, ritt durchs Tor in den tief verschneiten Hof, warf die Zügel einem Reitknecht zu, der bereits in Tränen aufgelöst war, und rannte hinauf, wo er grade noch zurecht kam, um dem greisen Vater die Augen zuzudrücken … Aber dann. Was er vorfand, ließ seine fromme Seele zu kleinen Klümpchen gerinnen. Aus allen Türen quollen Konkubinen. Von links Madelgarde – was für ein scheußlicher Name, ich kann sie mir nicht anders als engerlingsbleich und fett vorstellen, mit ihrer dümmlichen Tochter Rothilde; von rechts Gerwinda, wahrscheinlich eine dürre Flachshaarige, mit ihrer Tochter Adeltrude; von oben kam Regina herunter, die trotz ihres Namens keine Königin, sondern nur ein kaiserlicher Betthase war, an den Händen die rothaarigen Bastarde Drogo und Hugo; und zum Schluß kam noch von ganz hinten Hadalind herein geschlichen, in schlampigem Morgenmantel, den Busen halb heraushängend, und wischte ihrem Sohn Theoderich, des alten Kaisers Liebling, die Rotznase…

Ja, ja, sehen Sie. Die Weltgeschichte. Man darf sie nicht aus der Nähe betrachten. Ludwig fauchte, raste herum, zog aus allen Winkeln weitere Konkubinen hervor, deren Namen man im Gegensatz zu den oben genannten vergessen hat, an die dreißig sollen es insgesamt gewesen sein, und an die hundert Bastarde, die jüngsten noch an den Mutterbrüsten. Schon ein Kerl, der Karl – hieß ja auch so: Karl – Kerl, das ist das gleiche. Schon ein Kerl. Aber heilig?

Soweit ich weiß, ist das Sanct-Officium verschämt mit Stillschweigen darüber weggehuscht, über die Heiligkeit des heiligen Carolus Magnus. Aber seine welthistorische Leistung strahlt bis heute, oder wenigstens gestern.

Friedrich Dieckmann
Die neuen Länder

Die neuen Länder sind so alt wie die alten Länder;
allerdings sind die meisten der ersteren ein Stück älter
als die meisten der letzteren. Sie alle sind Gründungen
der Siegermächte des Zweiten Weltkriegs, die auf dem
von ihnen eingenommenen deutschen Staatsgebiet, soweit es nicht an Polen und die Sowjetunion gefallen war,
eine föderale Ordnung auf der Grundlage von Landes-
grenzen einrichteten, die nur zum Teil – und auf jeweils
verschiedene Weise – historisch begründet waren.

Die Auflösung Preußens, die der Alliierte Kontrollrat
im Februar 1947 auch formell verfügte, war die Voraussetzung der Länderbildung durch die Besatzungsmächte.
Dieser mächtigste und ausgedehnteste Staat des Deutschen Reiches von 1871 hatte mit dem Kriegsende seine
Gebiete östlich der Flüsse Oder und Neiße verloren und
wurde in seinem restlichen Bestand in gleichberechtigte
Länder aufgeteilt, die sich auf alle vier Besatzungszonen
verteilten. In den Bereich der sowjetischen Zone fielen
außer Berlin fünf der siebzehn deutschen Länder: Sachsen in seinen alten, vom Wiener Kongreß 1815 fest-
gelegten Grenzen zuzüglich des westlich der Neiße ge-
legenen Teils von Preußisch-Niederschlesien (mit den
Städten Görlitz, Muskau, Hoyerswerda); der größere,
westlich der Oder gelegene Teil der preußischen Kern-
provinz Brandenburg; Mecklenburg mit dem westlichen
Teil des an Polen verlorenen Pommern unter dem Namen
Mecklenburg-Vorpommern; Thüringen in seinen 1920
vereinheitlichten Grenzen unter Ein- bzw. Angliederung
verschiedener preußischer Territorien; schließlich eine
Sachsen-Anhalt genannte Verbindung des kleinen, sich
um Dessau erstreckenden Landes Anhalt mit dem nörd-
lichen Teil der preußischen Provinz Sachsen, die nach

1815 als eine Kombination sächsischer Gebiete mit dem einstigen Erzbistum Magdeburg entstanden war.

Zwischen dem Oktober 1946 und dem Mai 1947 fanden in den von den Besatzungsmächten gebildeten deutschen Ländern Parlamentswahlen statt; die aus ihnen hervorgehenden Landtage setzten Verfassungen in Kraft und wählten Landesregierungen. In den Ländern der sowjetischen Zone bildete die ein halbes Jahr zuvor aus SPD und KPD hervorgegangene Sozialistische Einheitspartei (SED), die in den Wahlen des Oktobers 1946 dort überall der absoluten Mehrheit nahegekommen war, Allparteienregierungen. Ein Jahr später gingen die drei Westmächte daran, aus den Ländern der von ihnen besetzten Zonen erst ein eigenständiges Wirtschafts- und Währungsgebiet, dann einen eigenen deutschen Staat, die Bundesrepublik Deutschland, zu schaffen. Die Sowjetunion, die mit der Blockade der Berliner Westsektoren auf diese Entwicklung und namentlich auf die Währungsabspaltung West-Berlins reagiert hatte, sah sich dadurch veranlaßt, die von rund 18 Millionen Einwohnern bewohnten Länder der sowjetischen Zone ihrerseits unter einem Staatsdach zu verselbständigen, dem der Deutschen Demokratischen Republik; in ihrer Verfassung wurde die Länderstruktur festgeschrieben. Erst als im Mai 1952 die militärische Einbeziehung des neuen westdeutschen Staates in das westeuropäische Bündnis vollzogen wurde, verfügte die von 1948 an gewaltsam auf KPD-Kurs gebrachte SED im Auftrag der sowjetischen Besatzungsmacht im Juli 1952 den Aufbau des Sozialismus in der DDR, zu dessen Durchsetzung noch im selben Monat die föderale Gliederung aufgehoben wurde.

Nach dem Muster der von der Französischen Revolution in Frankreich eingeführten Departement-Struktur teilte die DDR ihr Staatsgebiet in Bezirke ein, ohne diesen schwerwiegenden Eingriff aber in ihrer Verfassung zu verankern, deren alter, von Ländern ausgehender Text noch sieben Jahre über die Berliner Grenzschließung hinaus festgehalten wurde. In der neuen sozialistischen Verfassung von 1968 waren weder die real existierenden Bezirke noch die irreal existierenden Länder enthalten; die föderale Struktur der ursprünglichen DDR war suspendiert, nicht annulliert. Der politischen Faktizität nach waren im Sommer 1952 aus fünf Ländern (außer dem Ostteil Berlins) vierzehn nach ihren Hauptstädten benannte Bezirke geworden, deren Außengrenzen mit den Ländergrenzen im wesentlichen übereinstimmten. Mit der Ausnahme von Sachsen-Anhalt, das in zwei Bezirke (Halle und Magdeburg) zerfiel, wurde jedes Land in drei Bezirke aufgeteilt: Sachsen in die Bezirke Dresden, Leipzig und Karl-Marx-Stadt (Chemnitz), Thüringen in die Bezirke Erfurt, Gera und Suhl, Mecklenburg-Vorpommern in die Bezirke Rostock, Schwerin und Neubrandenburg, Brandenburg in die Bezirke Potsdam, Cottbus und Frankfurt an der Oder. Der Ostteil der Stadt Berlin, welcher die Besatzungsmächte 1945 den Charakter eines deutschen Landes gegeben hatten, fungierte als Hauptstadt im Rang eines eigenen Bezirks. Die geringe Selbständigkeit dieser Verwaltungsbezirke gegenüber den Berliner Zentralinstanzen wurde zu einem wichtigen Mittel der administrativen Durchsetzung staatssozialistischer Machtverhältnisse in Politik, Wirtschaft, Justiz und Kultur.

So war es folgerichtig, daß nach dem Sturz der zentralistisch und monopolistisch ausgeübten SED-Herrschaft durch die Volksbewegung in Herbst und Winter 1989/90 die Wiedererrichtung von Ländern zu einer wichtigen politischen Forderung wurde. Das aus den Volkskammerwahlen des März 1990 hervorgegangene DDR-Parlament entschied sich für die Wiedereinführung der 1945 verfügten Länderstruktur; die Bildung größerer Territorien, wie sie im südwestlichen Deutschland 1951 mit der Bildung des Landes Baden-Württemberg gelungen war, konnte sich nicht durchsetzen. Kraft des am 31. August 1990 zwischen der DDR und der Bundesrepublik geschlossenen Vertrages über die Herstellung der Einheit Deutschlands wurden die durch ein Verfassungsgesetz vom 22. Juli 1990 wieder ins Leben gerufenen Länder der DDR zu Ländern der neuen deutschen Republik. Aber nicht die wiederhergestellten DDR-Länder traten dem Grundgesetz der Bundesrepublik bei, sondern die zum Bundesstaat reformierte DDR. Dafür wurde der Vereinigungsartikel (Art. 146) des westdeutschen Grundgesetzes geändert und ein Artikel (Art. 23) aktiviert, der nicht für den Fall der deutschen Einheit, sondern für den Beitritt einzelner Länder geschaffen worden war. Vorausgegangen war im Jahre 1972 eine Entscheidung des westdeutschen Bundesverfassungsgerichts, wonach die DDR gegenüber der BRD de jure keinen andern Status einnehmen könne als den eines Bundeslandes.

Das Erfordernis eines verfassungsändernden Vereinigungsgesetzes führte diesen Spruch ad absurdum. Als die Alliierten den 1945 von ihnen suspendierten deutschen Staat im September 1990 in einem Vertrag mit den beiden deutschen Staaten wiederherstellten, war die DDR auf allen Ebenen als der gleichberechtigte Teilstaat anerkannt. Nur scheinbar wurde sie mit dem In-Kraft-Treten des Vereinigungsgesetzes im Oktober 1990 das neue Land der 1949 gegründeten deutschen Westrepublik. Was wie eine Angliederung aussah, war die Wiederherstellung des deutschen Staates durch die, welche ihn am 5. Juni 1945 durch einen Erlaß nicht aufgelöst, aber außer Kraft gesetzt hatten, die Siegermächte des Zweiten Weltkriegs. Der Moskauer Vertrag von 1990 machte es unmißverständlich deutlich.

Als neue Länder erscheinen aus der Sicht des westlichen Deutschlands jene alten Länder, die die DDR nach ihrer politischen Revolutionierung wiederherstellte. Daß mit der Angliederung der DDR etwas Neues in eine Republik gekommen ist, die nun nicht mehr eine Vereinigung der Länder der drei westlichen Besatzungszonen, sondern als Bund aller deutschen Länder der neue Nationalstaat war, ist vielen inzwischen deutlicher geworden. Er ist nicht zuletzt darum ein *neuer* Nationalstaat, weil er nicht mehr auf dem beherrschenden Preußen, sondern auf den Ländergründungen der Nachkriegsjahre beruht.

Die Bezeichnung *neue Länder* für die 1945 großenteils noch vor den Ländern der Westzonen gebildeten Länder der sowjetischen Besatzungszone läßt sich nicht aufrechterhalten. Richtiger wäre es, von den östlichen Ländern der neuen deutschen Republik zu sprechen, deren föderale Struktur sich in vierzig Jahren bundesrepublikanischer Existenz in hohem Maß bewährt hat; sie hält zentralistischen Tendenzen das Gleichgewicht, ohne zentrifugale Tendenzen zu befördern. Sollte das Grundgesetz der Bundesrepublik, das durch den Beschluß der beiden Parlamente zu dem des vereinten Deutschlands wurde, gemäß seinem letzten Artikel einmal einer Verfassung weichen, «die von dem deutschen Volke» – also dem gesamten Staatsvolk – «in freier Entscheidung beschlossen worden ist», wird die Redewendung von den neuen Ländern vollends hinfällig geworden sein. Mitsamt den ältesten unter den alten werden die meisten neuen Länder im Jahre 1995 fünfzig Jahre alt.

Sten Nadolny
Unheimliche Begegnung mit der Willenskraft

Wenn Gedanken von Philosophen über Generationen hin Einfluß haben, scheint das zunächst eine gute Sache zu sein. Wer wünschte sich nicht mehr Klarheit in den Köpfen um ihn herum (manchmal sogar im eigenen)? Und daß gewissenhaft nachdenkende Philosophen mehr Geist in die Welt bringen können – wir werden nie aufhören, es zu glauben. Im Prinzip stimmt es ja.

Man muß allerdings sehen: Meist sind es nicht die Gedanken selbst, welche Einfluß gewinnen, sondern die Mißverständnisse, die über sie im Umlauf sind.

«Iß», sagte die Mutter zum kleinen Andreas, «iß deinen Teller leer, damit du groß und stark wirst!» Andreas hat übrigens bis heute seine Teller leer gegessen und wirkt, sagen wir, äußerst stattlich. Natürlich hatte er als Halbwüchsiger erkannt, daß Größe und Stärke nicht nur vom Essen kamen, nicht einmal nur vom Lernen oder Üben. Er mußte auch den Willen zur Größe haben, sein Denken durfte nicht nur vernünftig sein, es mußte geeignet sein, ihn außergewöhnlich, berühmt und erfolgreich zu machen.

Mit solchen Wünschen unterschied sich Andreas kaum von vielen anderen Siebzehnjährigen. Er aber behauptete eines Tages mit großem Ernst, dem Philosophen Nietzsche entscheidende Erkenntnisse zu verdanken. In Wirklichkeit hatte er so gut wie nichts von ihm gelesen, kannte nur Schlagwörter wie «Übermensch» oder «Wille zur Macht». Da er ohnehin um jeden Preis ein herausragender und mächtiger Mensch werden wollte, genügten ihm die Schlagwörter. Er fürchtete sogar, sie könnten ihre begeisternde, «groß» machende Wirkung verlieren, wenn er Nietzsches Gedankengänge genauer kannte.

Das Wichtigste, fand er, war «Willenskraft». Niemand

FRIEDRICH NIETZSCHE

und nichts sollte sich ihm entgegenstellen können. Er gewöhnte sich an, starr und roboterhaft dreinzublicken, besonders wenn andere ihn kritisierten. Der Übermensch war nicht zu beirren, der Übermensch dachte, redete und handelte jederzeit übermenschlich. Er lehnte es ab, irgendetwas zu tun, was andere in der gleichen Situation getan hätten. Er gab, wenn es sich vermeiden ließ, keiner «normalen» Regung nach. Hatte er etwas angekündigt, dann machte er es wahr. Hatte er sich vorgenommen, Streit anzufangen, ein Mädchen zu küssen oder mit seinen Skiern in Schußfahrt einen Steilhang hinabzufahren, so tat er es, auch wenn «normale» Menschen es nach Prüfung der Situation bestimmt unterlassen hätten. Er fiel oft auf die Nase. Aber für den Übermenschen gab es keine ungeeigneten Situationen, es gab nur Mangel an Willenskraft.

Nichts tat oder sagte er zum richtigen Zeitpunkt oder wenn es willkommen war. Er redete pathetisch und vorwurfsvoll, wenn andere gerade guter Laune waren, er wurde launig, wenn es nichts zu lachen gab. Und wenn er entschlossen war, eine Rede zu halten, ergriff man besser die Flucht. Wer die Wahrnehmung abgeschafft hatte, für den gab es auch keine Peinlichkeit: «Widerstände sind dazu da, überwunden zu werden.»

Er kontrollierte sich jede Sekunde. Was hatte der Übermensch jetzt zu tun, was war im Moment das Anstrengendste, das, was kein anderer unternehmen oder durchhalten konnte? Was die bequem vor sich hin lebende Mehrheit «falsch» nannte, war richtig! Man brauchte bloß genügend Kraft dazu.

Er wurde auch für seine besten Freunde zu anstrengend, ja unerträglich, und war daher bald völlig allein. Gut, sagte er, die Masse ist gegen den Starken. Einsamkeit ist, was der Übermensch aushalten muß, und nur er kann es. – Er konnte es glücklicherweise nicht!

Während seiner besonders peinlichen Rede zur Abiturfeier begann er zu stottern und zu weinen. Schlagartig hatte ihn die Ahnung befallen, daß die Welt sich um seine Versuche, ihr Gewalt anzutun, wenig kümmerte. Daß er nur sich selbst Gewalt antat. Und daß er darunter zusammenbrechen würde. Kaum merkte er es, trat es auch schon ein.

Aber siehe da, es gab jetzt einige, die ihn trösteten. Er begann sich zu ändern. Zunächst entwickelte er ein neues System mit einer «Theorie der Entspannung und des Genusses». Die Sache schien ganz besonders anstrengend zu werden. Wie durch ein Wunder vergaß er sie aber, als er Olga kennenlernte.

Heute ist Andreas ein runder, schwerer Mann mit Humor und lebhafter Wahrnehmung, ein guter Vater, kann schweigen, lange zuhören, überzeugend reden. Beruf: Theaterschauspieler.

«Übermensch?» antwortet er auf meine Frage. «Natürlich erinnere ich mich. Gut, daß damals nicht Krieg war, ich eignete mich schrecklich für ihn.»

«Hast du Nietzsche je gelesen?»

«Später ja. Er hat alles etwas anders gemeint. Jedenfalls nicht anstrengend und verkrampft, eher – göttlich!»

Andreas ist dafür bekannt, krankhaft ehrgeizige, gewaltsame, situationsblinde Menschen darstellen zu können, Tyrannen und Hitlerfiguren, ohne sie zu puren Zerrbildern werden zu lassen. Er zeigt Menschen, denen die kommende Katastrophe ins Gesicht geschrieben ist, mit etwas Glück eine lehrreiche.

Was Nietzsche mit dem «höheren», dem «Übermenschen» wirklich gemeint hat? Wohl keinen, der unter dem Zwang steht zu siegen, keinen Gefangenen seiner selbst, keinen willentlich Blinden. Aber man lese selbst nach, und zwar in Ruhe. Nicht immer entsteht aus den Abenteuern des Mißverstehens gutes Theater.

Hartmut von Hentig
Die Weiße Rose

Sehr geehrter Herr von Hentig.
In dem Fragebogen des Magazins der Frankfurter Allgemeinen Zeitung haben Sie auf die Frage nach Ihren «Helden in der Wirklichkeit» geantwortet: «Männer und Frauen wie Henning von Treskow, Sophie Scholl, Janusz Korczak». Das Wort «Held» ist in meiner Generation – ich bin Jahrgang 1974 – nicht mehr gebräuchlich, aber ich stelle mir vor, es meint hier nichts anderes als eine Person, die durch Tapferkeit herausragt, eine Person, die man bewundert und sich zum Vorbild nimmt. Von den genannten Personen weiß ich fast nichts. Ich habe ihre Namen im Unterricht gehört: Sie haben auf verschiedene Weise ihr Leben gegen Hitler eingesetzt und verloren. Das ist achtungsgebietend, ja erschütternd. Aber können Menschen, die solchermaßen gescheitert sind, Vorbild für uns sein? Können tragische Gestalten aus der Ausnahmesituation der absoluten Diktatur als Leitfiguren in der normalen Demokratie dienen, in der möglichst überhaupt keine Helden nötig sein sollten?
Bitte schreiben Sie mir, wie Sie Ihre Wahl begründen!
Mit freundlichen Grüßen bin ich Ihr F. P.

Sehr geehrter Herr P.
Lassen Sie mich, statt eine «Begründung» zu geben, erzählen, wie ich eine der genannten Gestalten erlebt habe.
Im Jahre 1952 – ich war Student der Alten Sprachen an der University of Chicago – bekam ich aus Deutschland ein schmales, in schwarzes Leinen gebundenes Buch geschickt: «Die Weiße Rose» von Inge Scholl. Beim Blättern fielen mir zuerst die Gesichter der darin abgebildeten jungen Menschen auf. Mit solchen wäre ich gern befreundet gewesen – zumal in den Hitlerjahren. Dann las

ich, las, wie diese idealistischen Studenten, die zunächst mit der neuen Zeit zu gehen bereit waren, enttäuscht und zu Widerstandskämpfern gegen die Nazis wurden – erst unwillig aufbegehrend, dann das Regime planmäßig unterminierend mit der Entschlossenheit derer, die die Lüge durchschaut und das Böse erkannt haben, mit der Klugheit derer, die wissen, daß die totale Herrschaft dem Aufstand einzelner keine Chance läßt: sie würde diese stillschweigend zermalmen.

Ich hätte damals jedes Buch verschlungen, das vom deutschen Widerstand gegen die Nazis handelte; erhoffte ich mir doch Antwort auf die Frage: Warum waren es so wenige, die sich gegen Unrecht und Unmenschlichkeit erhoben, – was hat die einen kühn und was hat die anderen so willfährig gemacht? Vollends dieses Buch! Es zeigte mir etwas anderes als, was ich bisher kannte: den mutwilligen Opfergang einer Antigone, der den Machthaber ins Unrecht setzt, oder das Attentat von Generalen und Bombenlegern, das den Tyrannen beseitigt – beides bewundernswert, aber mir und dir nicht möglich. Es zeigte etwas, was ich selber hätte tun können, wäre ich zwei oder drei Jahre älter gewesen.

Ich las das Buch auf der Stelle noch einmal – nun mit uneingestandener Aufmerksamkeit auf die Stellen, an denen Bewährung gefordert war, die Bewährung von Erkenntnis, Entscheidung, Tat – und der Verzicht auf jegliche Sicherheit. Der Auftrag, den die kleine Gruppe von Freunden sich gegeben hatte, war beschämend einfach: Die Wahrheit ausrufen, bis jeder sie wußte. Die Ausführung dieses Auftrags war beunruhigend notvoll. Ich kehrte immer wieder zu den Seiten zurück, auf denen konkret geschildert wurde: das geduldige Vervielfältigen der Flugblätter in einem Keller; die nächtlichen Fahrten in die Großstädte – nach Frankfurt, Stuttgart, Wien, Freiburg, Saarbrücken, Mannheim, Karlsruhe –

in den verdunkelten kalten Zügen, die Koffer mit den abgezogenen Briefen der Weißen Rose am anderen Ende des Wagens an unauffälliger Stelle deponiert wegen der unablässigen Streifen, die die Reisenden und manchmal auch das Gepäck kontrollierten; das bange Warten auf den Freund, den Bruder, die Schwester; die Abreden für den Fall, daß einer von ihnen ertappt und verhört würde; das schmerzliche Bewußtsein von der Einsamkeit ihrer Taten und Gedanken; das Wissen davon, was «die» mit ihnen, den Landes- und Hochverrätern machen werden, wenn die Verschwörung auffliegt.

Ich versuchte, mir vorzustellen, wie ich – nein, nicht ihre Überzeugungen und Absichten teile, das fällt nicht schwer, sondern diesen die Treue halte; wie ich der ständigen Versuchung widerstehe, den gefährlichen Auftrag abzuschütteln, in das normale Leben (das hart genug war!) zurückzukehren, mich wieder einzureihen unter die Volksgenossen und Volksgenossinnen; wie ich mir die Ausflucht versage: die seien ja doch nicht zu bewegen. Ich versuchte, mir klarzumachen, was das ist: So zu handeln, weil ich es für richtig erkannt habe, und nicht, weil es dies oder das bewirkt. Wer konnte damals so etwas wissen?!

Eine Frau, die in den gleichen Jahren wie Hans und Sophie Scholl in München studierte und in der Zeit im Hause meiner Mutter wohnte, hat später erzählt, in welch ungeheure Erregung es sie versetzte, als sie eines Tages im Januar 1943 das Wort FREIHEIT in großen schwarzen Buchstaben an den Wänden der Universität geschrieben sah. Das Herz sei ihr in den Hals gesprungen, und sie habe plötzlich gewußt: Es gibt Menschen, die dasselbe denken und wünschen wie du selbst – und sie haben das Unvorstellbare gewagt!

Wo schon dies *gelesen* zu haben gefährlich war – verlangte es doch, daß man auf der Stelle Anzeige erstattete und Empörung zeigte –, hätte ich so etwas *schreiben* können? Wie oft hätte ich es tun, die alsbald entfernten Zeichen wiederholen müssen, damit die Studenten und Münchner Bürger merkten: Hier sind wir aufgerufen, das Wort meint uns!? Ich versetzte mich in die Zeit zurück: Ich hebe ein Flugblatt auf; ich lese es hastig… Gebe ich es weiter? Vernichte ich es? Was tue ich, wenn man mich danach fragt?

Wie klein waren meine Erwartungen an mich, verglichen mit dem, was Hans und Sophie und ihre Freunde getan haben – und noch getan hätten, wenn der Pedell sie nicht verhaftet hätte. Aber alles «umsonst»? Wer gelesen hat, wie sie in den Tod gingen, wird nicht mehr sagen, daß sie gescheitert seien.

Vor zwei Wochen bin ich abends tatsächlich an den Platz vor der Münchner Universität gekommen, der nach den Geschwistern Scholl benannt ist. Auf ihm lagen bedruckte Blätter verstreut. Als ich mich bückte, um eines aufzuheben, war es – wie die anderen – ein in das Pflaster eingelassenes Flugblatt der Weißen Rose auf weißen Stein gedruckt. Diese Blätter richten heute die Fragen, die ich eben an mich gerichtet habe, an uns alle. Wer kann sie mit Sicherheit beantworten? Ich nicht. Aber ich kann nun wenigstens Ihre Frage beantworten – die nach dem Grund meiner Helden-Wahl. Man braucht in der Tat verschiedene Vorbilder für verschiedene Situationen – andere für 1932/33, andere für 1943/44, andere für 1994/95. Wenn Sie mir sagen, wofür Sie ein Vorbild brauchen, werde ich Ihnen vielleicht eines nennen können, nicht mit Gewißheit! Wofür man Vorbilder braucht (und nicht nur wünscht), hängt davon ab, was für einer man ist. Mir beispielsweise scheinen sie auch für den Alltag unserer Demokratie nützlich, aber da sind sie nicht unentbehrlich, da komme ich meist mit Intelligenz und Anstand aus. Ich brauche Vorbilder vor allem für die schreckliche Stunde der Bewährung. An denen, die wir zu unseren Helden machen, erkennen wir, was wir uns nicht zutrauen – was wir gerne wären und es nicht sind.

Wir täten gut, eine Politik zu machen, die uns solche Bewährung erspart. Aber damit ist nicht zu rechnen, und so bin ich dankbar, daß es die Weiße Rose gab.

Es grüßt Sie herzlich Ihr H. H.

Ursula Krechel
Gescheite Resolutionen, gescheiterte Revolutionen:
Rosa Luxemburg

Rosa Luxemburg hat den Deutschen viel geschenkt. Ihre Arbeitskraft, ihre Schärfe als Analytikerin des Zeitgeschehens, die Kraft ihrer schneidenden Polemik, ihre Phantasie, ihren politischen Weitblick, der dennoch nicht weit genug reichte, die Erschütterungen im Nachkriegsdeutschland vorauszusehen. Ihr Leben hat sie den Deutschen nicht geschenkt. Sie haben es ihr genommen. Mit der gleichen Unerbittlichkeit, mit der die Deutschen den jungen, schwachen, nachfeudalistischen Staat, der erst später in den Köpfen seiner Bürger die «Weimarer Republik» wurde, von Anfang an zum Opfer werden ließen. Dieser Staat wirbelte in einem Strudel von Gewalt, wurde zerrissen zwischen den Parteiungen: einer deklassierten militärischen Elite, einer hochentwickelten, mit Utopien und Idealen zugerüsteten, schier gepanzerten Intelligenz, einer ausgepowerten, apathischen Bevölkerung, uneins mit den Freunden, taktierend mit wechselnden politischen Gegnern. Mit dieser Mißachtung des politischen Gegners und im weiteren: seiner physischen Vernichtung begann und endete diese neue deutsche demokratische Republik – gezeichnet durch einen politischen Mord, durch die ungesühnte Lynchjustiz an zwei herausragenden Politikern der radikalen Linken, Karl Liebknecht und Rosa Luxemburg. So vernichtete sie sich selbst.

An ihrem Anfang, zwischen Sozialdemokratie, USPD, dem Spartakusbund mit den kaum organisierten Soldaten- und Arbeiterräten und der Gründung der KPD, schäumt die Hefe auf. Die Revolution scheint unvermeidlich. Auf dem Gründungskongreß der Kommunistischen Partei Deutschlands verkündet Rosa Luxemburg:

«Die proletarische Revolution bedarf für ihre Ziele keines Terrors, sie haßt und verabscheut den Menschenmord.» Der Gärungsprozeß, der Gewalt und Terror nach sich zieht, deren Opfer Rosa Luxemburg wird, ist nicht mehr aufzuhalten.

Rosa Luxemburg hatte in ihrem geistigen Testament, dem Programm des Spartakusbundes, geschrieben, daß Spartakus «die Macht nur durch den Willen der großen Mehrheit der Masse übernehmen» werde. Ein Satz, geschrieben im utopischen Geist einer liberalen, unerschütterbaren westlichen Demokratie, die es in Deutschland noch nicht gegeben hat, die wünschenswert war als eine kulturelle Errungenschaft des 20. Jahrhunderts. Doch am Ende des Jahres 1918 in Berlin war dieser Satz sicher politisch naiv und allzu idealistisch. Die Masse – das bedeutete Aktion, Appelle, Agitation und schloß das doch geduldige und beharrliche Warten auf das Aufholen von Rückständen ein. Die Revolution 1918/19 in Deutschland wäre – wenn sie zum Ziel geführt hätte – keine proletarische gewesen, sondern eine der Verunsicherten, Deklassierten, aus der Bahn Geworfenen, der von den Schlachtfeldern verschonten Kriegsheimkehrer. In Deutschland herrschten eben gänzlich andere Voraussetzungen als in Rußland. Rosa Luxemburg erwartete, daß das Land, in dem sie ins Gefängnis geworfen und wieder entlassen worden war, in dem sie unerschüttert weiterlebte (doch mit einer bleibenden Angst vor Menschenzusammenballungen), den «langen Weg» gehen werde, den der Bolschewismus in Rußland machtpolitisch radikal abgekürzt und verengt hatte. Der Taumel von einigen Monaten 1918/19, eine Reihe dramatischer Aktionen, die Gewißheit, daß sie die zu weiteren Aktionen drängende Masse nicht allein lassen dürfe, obwohl deren Ziele politisch nicht umsetzbar sind – mit alledem ist Rosa Luxemburg plötzlich Geisel ihrer eigenen scharfen Abgrenzungspolitik. Daneben nur noch der Abgrund.

Liebknechts und Luxemburgs Einschätzung der Masse nach dem Weltkrieg war falsch. Das unerbittliche Festhalten an einer Politik der reinlichen Scheidung (keine Zusammenarbeit mit denen, die die Menschen in den Krieg gehetzt hatten!), grenzte sie aus. Nun richtete sich die scharfe Polemik, deren sich die beiden bedient hatten, gegen sie. Theorie und Praxis klafften auseinander. Es verbietet sich, darüber zu spekulieren, wie sich die sozialistische Bewegung in Deutschland entwickelt hätte, wenn Rosa Luxemburg nicht Märtyrer-Ikone geworden wäre, sondern eine umstrittene Führerin der deutschen KP. Als entschiedene Internationalistin und Gegnerin einer bolschewistischen Vorherrschaft war sie entschlossen, den Nationalismus nur als Zugeständnis an einen bourgeoisen Nationalitätenkonflikt zu dulden. Sich diese freizügige, energische Denkerin im Mahlstrom des beginnenden Stalinismus vorzustellen, in dem so viele ihrer Freunde aus der frühen polnischen Sozialdemokratie umkamen, ist nahezu unmöglich.

Mythenbildung, Mysterienspiele der Weiblichkeit. Ihre Freundin Luise Kautsky schrieb über sie: «Rosa war eine entzückende kleine Hausfrau, die es mit ihrer Pflicht als Gastgeberin sehr wichtig nahm, dabei aber witzig und schlagfertig die Unterhaltung beherrschte.» Leidenschaftlichkeit versus politische Vernunft. Politische Arbeit, je länger, um so weniger aufgehoben in der Leidenschaftlichkeit. Das Große in die Enge getrieben. Sie liebte die zweizimmrige Wohnung im ruhigen Berliner Stadtteil Friedenau, später die Stadtrandwohnung in Südende: ein rotes Zimmer, ein grünes Zimmer, perfekte Systematik und Ordnung unter ihren Dingen und Papieren, einsichtig auch für die Helfer und Helferinnen. Sie bevorzugte großgewachsene kräftige Dienstmädchen, die ihre physische Tüchtigkeit nicht mehr beweisen mußten. Sie – zierlich, seit ihren Kindertagen einem Hüftleiden trotzend. Im Januar 1919, nach dem Scheitern der Revolution, war sie auf der Flucht, jede Nacht in einer anderen Wohnung. Als sie aufgespürt wurde, wußten ihre Häscher gleich, wen sie vor sich hatten.

Ihr Erbe vermochte niemand anzutreten. Rar werden heute die Zusammenballungen älterer DDR-staatstreuer Mitbürger, die in entleerten Ritualen vor der laufenden (West-)Kamera krächzend singen: «Auf, auf zum Kampf, zum Kampf sind wir geboren ... Dem Karl Liebknecht haben wir's geschworen, der Rosa Luxemburg reichen wir die Hand.» Die gereichte Hand ist zittrig geworden, die Ostrenten – in Anpassung an die Westrenten – klettern und klettern, den alten Leuten verwirrt sich der historische Sinn. Ein paar rote Nelken am Landwehrkanal, an der Stelle, an der Rosa Luxemburgs Leichnam gefunden wurde. Der Faden der Geschichte scheint abgeschnitten. Die Geschichte friert. Sie hat genug Tode produziert, hält sich nicht mit Weihebezeigungen auf.

In der Geschichte des politischen Denkens stehen Rosa Luxemburgs Schriften an einem Scheideweg. Treu der Idee des dialektischen Materialismus, bekennt sie sich gleichzeitig zum Ideengut einer humanistischen, geduldig fortarbeitenden Demokratie. Als Revolutionärin ist sie Skeptikerin, läßt sich weder von einer Massenbewegung fortreißen, noch stachelt sie die Massen auf. Dazu setzen ihre Schriften einfach zu viel voraus. Es gelang nie, Rosa Luxemburg in das Konzept von Weltrevolution und proletarischer Diktatur einzupassen. Zeitlebens blieb sie der Idee vom Massenstreik als einer Initialzündung – also der Dramaturgie der russischen Ereignisse von 1905/1906 – verhaftet. «Der Kampf um den Sozialismus kann aber nur durch die Massen, unmittelbar Brust an Brust mit dem Kapitalismus ausgefochten werden, in jedem Betrieb, von jedem Proletarier gegen seinen Unternehmer... Der Sozialismus wird nicht gemacht und kann nicht gemacht werden durch Dekrete, auch nicht von einer noch so ausgezeichneten Regierung.» Die weniger oder ganz und gar nicht ausgezeichneten Regierungen haben sein menschliches Gesicht zur Fratze verzerrt. Auf die große, unentschiedene Frage: Machen politisch denkende Menschen eine Revolution oder führen sie sie? antwortete Rosa Luxemburg: Sie führen sie.

Karl Dedecius
Stalingrad

Zeit: Fünfzig Jahre danach. Ort: Buchmesse. Gesprächs-
teilnehmer: V1 (Verführer, Verwerter, Verewiger), V2
(Verwundeter, Verschlossener, Versöhnter).

V1: Ich komme auf unser altes Gespräch zurück. Sie
müssen den Stalingrad-Roman schreiben. Gerade jetzt.
Es gibt kaum noch Zeugen, und noch weniger solche, die
schreiben...
V2: Ich kann nicht... Ich sagte es schon vor Jahren.
V1: Das ist Feigheit vor dem Freund. Es ist geradezu Ihre
historische Pflicht...
V2: Die historische Pflicht haben andere, kompetentere
längst erfüllt: Die Generäle, die Geschichtsschreiber,
auch die Geschichtenerzähler...
V1: Ich denke an etwas anderes. Ich denke an den großen
Wurf. Dichtung und Wahrheit, Drama mit Katharsis
und Vermächtnis... Heute haben wir den richtigen Ab-
stand dazu.
V2: Ich nicht. Ich stecke noch mitten drin...
V1: Um so besser. Dann wird das Ganze... authenti-
scher. Das Erlebte macht das Beschriebene erst wirklich
lebendig.
V2: Aber mich macht es zum zweiten Mal tot. Wissen
Sie, wie das ist, sich wissentlich und wollentlich hinzu-
setzen, um am Schreibtisch noch einmal zu sterben?
V1: Ich verstehe Sie nicht. Damit würden Sie doch die
Wunde endlich los. Schreiben ist Überwinden, sich erinnern bedeutet Vergangenes bewältigen.
V2: Bewältigen? Überwinden? *Ad acta* legen? Ich weiß
nicht so recht. Bei mir funktioniert das nicht. Außerdem
– auch wenn Sie es nicht glauben sollten – ich kann mich
nicht erinnern, auch wenn ich mich noch so sehr an-

strenge. Etwas hat meine Erinnerung kaputtgemacht. Ich brächte die Einzelheiten nicht mehr zusammen. Es sind zusammenhanglose Scherben, nichts Ganzes, nur einzelne Glieder, Gedächtnisruinen, tote Natur, Unnatur... Ich brächte nichts mehr zusammen.

V1: Das verstehe ich nicht. Sie haben doch Phantasie, um Bruchstücke zu ergänzen.

V2: Das wäre kalte Berechnung, Rekonstruktion. Den Krieg rekonstruieren? Belletristisch – schön konsumierbar, unterhaltsam machen? Ich kann es nicht. – Ich könnte Ihnen vieles über den Frieden sagen, auch schreiben, aber über den Krieg? Etwas in mir sträubt sich dagegen. Abgesehen davon habe ich von dieser Schlacht, von dieser Metzelei als solcher keine umfassende Kenntnis. Ich war kein Stabsoffizier mit Überblick, kein Frontberichterstatter mit Einblick, Kamera, beweglichen Schauplätzen. Ich war gewöhnlicher Schütze, SMG-Schütze, lag immer ganz vorn im Loch, zuerst zu dritt, dann zu zweit, dann allein, ohne Blickkontakt nach rechts oder links, noch weniger nach hinten, nur nach vorn, immer nur nach vorn... Ich sah alles ganz klein, sehr persönlich, von unten. Wie ein Maulwurf. Und wie dieser blind.

V1: Ich kann mir nicht vorstellen, daß man etwas so... so... Spektakuläres... nein, das ist nicht das richtige Wort, so etwas den Verlauf der Geschichte grundsätzlich Änderndes erlebt und darüber nichts sagen will...

V2: Nichts sagen kann... Versetzen Sie sich bitte in meine Lage. Die Lage eines Gedächtnisgeschädigten. Als wir – ein in Frankfurt/Oder rasch zusammengestoppeltes Ersatzbataillon – in Millerowo aus dem Zug geschubst wurden, torkelten wir bereits auf wackligen Füßen. Es gab unterwegs zu viel Butter und zu viele grüne Gurken und unreife Tomaten. Die meisten von uns hatten, bevor sie «eingesetzt» wurden, bereits Durchfall,

Fieber oder sonstige körperliche und Wahrnehmungs-schwächen. Das erste Fronterlebnis eines lebensunerfah-renen Oberschülers war die LKW-Fahrt von Millerowo an den Don über die Rollbahn. Hitze, Mücken, Staub, man nahm – wie gelähmt – mit Sand im Munde und in den Augen, kaum noch die Leichen wahr, die auf der Rollbahn, plattgefahren, wie staubgraue Abziehbilder überall herumlagen und über die wir, wie Hunderte von Panzern und LKW vor uns, hinwegrollten. Diese erste Berührung mit dem Tod vollzog sich bereits fast reglos, mechanisch, stumpfsinnig, wortlos, bald auch blicklos. Die erste Leiche wird noch wahrgenommen, die hun-dertste nicht mehr.

V1: Das ist es, eben das muß dokumentiert werden.

V2: Wozu? Und wie? Geistreich? Spannend? Gruselnd? Mitleid erregend? Im Jägerlatein oder als Jeremiade? Die sachliche Dokumentation hat meines Wissens beider-seits bereits stattgefunden. Was, wann, wo, warum, wie-viel... Das festzuhalten ist wichtig, es auch zum Lehr-stoff der Militärakademien und der allgemeinbildenden Schulen zu machen ist wichtig. Damit die Historie end-lich einmal zur Lehrmeisterin des Lebens werde, wie es so schön auf Lateinisch heißt? (Sie ist es nicht geworden, sie wird es wohl auch nicht. Am allerwenigsten als Krieg, als Völkermord in schöngeistige Bilder gesetzt.)

V1: Ich denke freilich nicht an kriegsneurotische...

V2: Glauben Sie, es gäbe einen «echten» Stalingrader – einen, der die Bataille vom ersten bis zum letzten Tag, sogar darüber hinaus, erlebt hat, und zwar ohne Bunker und Ordonnanz und Kraftfahrer und Fernrohr, sondern vom Beginn der Donoffensive bis zur Kapitulation am 2. Februar, bei 40 Grad Hitze im freien Feld und bei 40 Grad Frost auf der vereisten Erde, in die man sich nicht mehr einbuddeln konnte, weil jeder Spaten, so man ei-nen noch hatte, brach – glauben Sie, es gäbe einen solchen «echten» Stalingrader ohne Neurose? Die letzten acht Wochen in der Steppe der Nordriegelstellung: vergessen, liegengelassen, ohne Wasser (Schnee gabs ja genug), ohne Wäschewechsel, so daß einen die Läuse buchstäblich auffraßen. Aus der Gelbsucht wurde schließlich Malaria, aus der Malaria Fleckfieber und Wassersucht, aus den 80 Kilo Lebendgewicht irgendein erbärmlicher Rest von 37 Kilo halbtoter Materie ohne Stoffwechsel, das Fieber blieb konstant, 41 Grad, was gut war, es schüttelte einen, aber man spürte nichts, man torkelte, blieb zwischen zwei zerschossenen Wänden liegen, bis man, schon nach der Kapitulation, aufgefunden, aufgelesen wurde... was soll man da beschreiben? Ich habe nichts erlebt, nicht einmal mich selbst, da wesentliche Teile meiner Befindlichkeit bereits tot waren. Und dann das Schlimmste: Alle waren gefallen, links, rechts, vorn und hinten, man blieb, wie zum Hohn, allein – der Unsoldatischste des ganzen stolzen Traditionsregiments des Alten Fritzen blieb allein am Leben. Was soll man da in Unkenntnis der Zusammenhänge beschreiben?

V1: Das ist doch ungeheuer viel...

V2: Vielleicht für den Konsumenten. Für den Produzenten nicht. Dem blieb seine Neurose, der seelische Schüttelfrost, der zerrissene Sommermantel im Winter, die unheimlichen Läuse, die man sich handvollweise unterm Hemd hervorholte, so man noch Kraft hatte, was sowieso nichts half, denn ihre Ersatzbataillone waren schneller zur Stelle als unsere. Den letzten weißen Schnee hatte man längst gegessen, der übriggebliebene Rest war blutig und kotig, es gab auch kein gefrorenes Grashälmchen mehr darunter, die Benommenheit hatte alle Konturen verwischt, Gesichter zu Masken schrumpfen lassen... Und das Gedächtnis war weg, einfach weg. Ich glaube, das war der Rest des gesund gebliebenen Instinkts, die letzte graue Zelle der Vernunft, die krank und gepeinigt und raffiniert genug sich diesen Selbstschutz ersonnen hatte: alles vergessen, nichts mehr erinnern – und so kam es auch. Vielleicht hatte es der Hirnschaden nach dem Fleckfieber fertiggebracht – das Gedächtnis war weg. Ein großer Nebel breitete sich über alles, was innen in einem noch vorging, und half überleben. Die 6. Armee war weg, die 3. Division war weg, das 8. Regiment war weg, die 4. Kompanie war weg, die Kameraden waren weg, sogar die Toten waren weg, deren Skelette ich später als Gefangener in das Riesenloch bei Stalingrad, selbst halb tot, karren mußte, die Namen waren weg – und Sie möchten, daß ich das, was bei mir und für mich weg ist, beschreibe. Ich könnte ja nur das bereits Beschriebene beschreiben – mir stünden keine eigenen Daten, keine Orte zur Verfügung. Selbst an das schrecklichste Bild, das letzte Flugzeug – war es Gumrak? war es Pitomnik? – um den 15. Januar herum, an dessen Rumpf und Tragflächen verzweifelte Halbtote hingen – und nicht mitgenommen wurden. Rings um das Flugzeug lagen Hunderte von Krüppeln – die nicht ausgeflogen wurden, weil die Maschine nur noch kampffähige «Spezialisten» mitzunehmen den Befehl hatte. Und dann die langen Gespensterzüge im Schnee, schwarz auf weiß. Nein, diesen Wirrwar in meinem Kopf könnte ich nicht beschreiben. – Vielleicht ist diese partielle Gedächtnislosigkeit auch Grund dafür, daß ich nicht schreibe, von mir schreibe, sondern andere übersetze?

V1: Ich finde es schade, diesen Erlebnisvorrat einfach brach liegenzulassen. Unausgewertet…

V2: Meinen Sie, man könnte eine Seele gegen ihren Willen verwerten?

V1: Aber Sie haben doch sicher auch Ihrer Familie, Ihrer Frau und Kindern etwas von Stalingrad erzählt?

V2: Auch ihnen nicht, denn wozu? Damit sie mich bedauern? oder bewundern? oder...? Und übrigens – was bedeutet schon mein Einzelschicksal verglichen mit dem Elend von Millionen... Für ein solches Buch, das Ihnen vorschwebt, wäre ich der falsche Autor. Ich kann es nicht schreiben. Ich werde von einem inneren Zwang bestimmt, mich nach vorn, an die Zukunft zu erinnern. An das Wiederbeleben, an eine Welt mit Städten, deren keine einen Namen und ein Schicksal hat wie Stalingrad. Stalingrad ist für mich der Inbegriff von Wahn und Tod. Ich liebe das Leben und suche die Vernunft. Den Frieden.

Hans Maier
Der Erzzivilist aus Köln

Adenauer hat nie Berufspolitiker werden wollen. Notar
auf dem Land – das war es, was ihm in der Jugend vor-
schwebte. Ein Stück liberales Honoratiorentum – Erbe
des 19. Jahrhunderts – war immer in ihm, und die große
Familie, die behäbige Bürgerlichkeit seines Rhöndorfer
Hauses mit weitem Blick über den Rhein, das Kunst-
sammeln, der Gartenbau, die Rosenzucht gehörten zu
seiner politischen Tätigkeit dazu. Es war die Not des
Vaterlandes, die den Kölner Oberbürgermeister in die
Politik drängte. Patriotisches Aufbegehren gegen scheinbar unwiderrufliche politische Verhängnisse trieb ihn
zum Handeln – 1918/19 wie 1923 und nach 1945.

Adenauer kam aus der Tradition des rheinischen Ka-
tholizismus und des rheinischen politisch liberalen Bür-
gertums. In der christlichen Überlieferung hat er sich
wie in einer selbstverständlichen Realität bewegt. Dabei
war sein Verhältnis zur kirchlichen Hierarchie alles andere als das des unterwürfigen Dieners und Befehls-
empfängers. Zwischen Theologie und Politik hat er stets
einen reinlichen Trennungsstrich gezogen. Es fehlt nicht
einmal an gelegentlichen herben Äußerungen der Kir-
chenkritik, ein Umstand, der mit seiner persönlichen,
ganz aufs Praktische gerichteten Frömmigkeit nicht im
Widerspruch stand. Adenauer hat den Schutz der Kirche
im Dritten Reich als Verfolgter erfahren, als er bei seinem Freund Abt Ildefons Herwegen in Maria Laach Zuflucht suchte und fand. Er lebte in seinem Familienkreis
in Rhöndorf im sichernden Rhythmus kirchlicher Feste
und Gebräuche. Gleichwohl hat er nicht gezögert, kirch-
liche Ansprüche zurückzuweisen, wo sie ihm das Gesetz
der Freiheit der Kirchen im demokratischen Verfassungs-
staat zu mißachten schienen: daß nämlich die Kirchen

nur unter der Voraussetzung allgemeiner politischer Freiheit frei sein können und daß daher ihr Ziel nicht Privilegienbewahrung, sondern Mitarbeit in diesem Staate sein solle.

Zwei Dinge hat Adenauer wohl schärfer erkannt als seine Gegner: daß das niedergeworfene Deutschland zur Politik einer aktiven Vermittlung zwischen Ost und West nicht fähig war und jeder Versuch, es in diese Richtung zu drängen, eine gefährliche Überforderung der deutschen Möglichkeiten gewesen wäre; sodann daß eine innenpolitische Orientierung nach links die schwierige Aufbauphase nach dem Krieg nicht gefördert, sondern gestört und gefährdet hätte. Die Politik des Schaukelns und Pendelns, unglückliches Kennzeichen der Weimarer Jahre, sollte sich nach Adenauers Willen nach 1945 nicht wiederholen. An diesem Kurs hielt er, gegen alle Kritik auch aus den eigenen Reihen, unbekümmert fest. Die Ereignisse bestätigten die Richtigkeit seiner Analyse. Adenauer, nicht in der Länderpolitik engagiert, bis 1949 ein relativ distanzierter Betrachter der politischen Szene, erkannte schärfer als andere die neue Situation des Ost-West-Konflikts und der weltpolitischen Polbildungen, die fortan die deutsche Politik bestimmen sollten; er zog daraus die Konsequenzen einer klaren Westintegration der freien Teile Deutschlands. Um die deutsche Politik auf dieser Linie zu stabilisieren, hat er ein bewegliches, oft gerissenes Spiel sowohl in seiner Partei wie später im Bundestag gegen die SPD Kurt Schumachers gespielt; denn so einfach seine Politik in ihren Zielen war, so erfindungsreich war sie in ihrem personellen Instrumentarium und ihren taktischen Mitteln.

Kritiker haben darauf hingewiesen, daß Adenauers Wortschatz bescheiden, seine Redeweise einfach, ja simpel gewesen sei. Das trifft zu. Viele unterschätzten ihn deswegen. In der Tat fehlt seinen Reden und schriftlichen

Äußerungen phantasievolle Beweglichkeit und literarischer Glanz. Überall herrscht die kunstlose Genauigkeit, der nüchterne Geschäftsstil des Juristen. Doch hing dieser stilistische Grundzug aufs genaueste mit dem Charakter und der Arbeitsweise des Politikers Adenauer zusammen. Adenauer verfügte über eine reduzierende Intelligenz. Er schälte an jedem politischen Problem das Zufällige ab, bis der Kern bloßgelegt war. Dann entwarf er Technik und Taktik der Problemlösung. Von seiner Person sah er dabei ganz ab. Seine Äußerungen sind stets situationsbezogene Plädoyers, nicht Deutungen seiner Politik und seiner Persönlichkeit, und da ihnen das Bindemittel literarischer Selbstdarstellung fehlt, erscheinen sie dem Betrachter oft punktuell und spröde. Sie zwingen ihn in die verhandelte Sache hinein. Aber sie sagen wenig über die Person des Handelnden aus. Daher mußte Adenauer jenen, die ästhetisch «in Politik schwelgen» wollten (F. Schlegel) und die vor Entscheidungen in eine faltenreiche und konsequenzlose Rhetorik auswichen, immer ein Rätsel – oder ein Greuel – bleiben.

Über den vielen Gelegenheiten und Zufällen, die Adenauers Politik begünstigten, darf das allgemeine Zeitklima nicht vergessen werden. Die Zeit war müde. Die weltpolitischen Träume Deutschlands waren nach dem Zweiten Weltkrieg, wie es schien, für immer ausgeträumt. Die Strapazierung öffentlicher Tugenden, die gewaltsame Totalpolitisierung durch ein zynisches Regime hatten eine allgemeine Leere hinterlassen, in der das Persönliche und Private fast naturnotwendig nach Revanche verlangten. Was lag näher, als daß man sich an einen Politiker hielt, dessen sachliche Nüchternheit wohltuend vom Maßlos-Missionarischen der vorangegangenen Epoche abstach und dessen wortkarger Realitätssinn eine verläßliche Bürgschaft gegen neue politische Abenteuer zu sein schien?

So hat der patriarchalische Erzzivilist aus Köln der deutschen Politik nach 1945 die Richtung gewiesen – mit sparsamer Geste und dürrem Wort.

Otfried Preußler
Der Poldei also

Wir leben in Bayern. Rund zwei von den insgesamt
zwölf Millionen heimatvertriebenen Deutschen sind
vom Schicksal nach Bayern verschlagen worden, darunter die Frau Preußler und ich. Wir stammen beide aus
der alten Tuchmacherstadt Reichenberg in Böhmen, und
dort wären wir aller Wahrscheinlichkeit nach geblieben,
oder in Prag vielleicht, wenn nicht die Weltgeschichte
es anders mit uns beschlossen hätte.

Auch wir leben also seit den frühen Nachkriegsjahren
in Bayern. Hier haben wir geheiratet, hier haben wir
unser gemeinsames Leben begonnen, recht kümmerlich,
nebenbei bemerkt. Hier sind unsere Töchter zur Welt gekommen.

Zuerst hat's ja ein paar Schwierigkeiten gegeben, nicht
nur auf dem Gebiet der verbalen Verständigung; aber
ganz so schwer, wie es manchem Preußen erscheinen
mag, ist es für unsereins nun doch wieder nicht gewesen, die bayerische Sprache und Mentalität verstehen zu
lernen. Wir fühlen uns wohl unter diesen Menschen
hier, die bisweilen ein bissl grob sind, aber von Herzen
grob. Wir fühlen uns wohl unter diesen Menschen, die
zu feiern verstehen, aber auch zuzupacken, die Freude an
der Musik haben, am Theaterspielen, am Essen, am
Trinken, an einem schönen Gewand, an allem kurzum,
was das Leben schöner und bunter macht.

Aber da ist noch etwas. Das sag ich am besten mit einer
Geschichte – der Geschichte vom Poldei und der Familie
Dangl. Warum soll ich die Leut nicht beim Namen nen-
nen. Es ist ja nichts Schlechtes, wovon ich berichten will.

Der Poldei also. Zusammen mit seinen Eltern ist er
als junger Bursch aus seinem Heimatdorf in Südböhmen
verjagt worden: ein armer, geistig behinderter Mensch,

gutmütig, aber halt das, was man gemeinhin einen Deppen nennt. Die Eltern vom Poldei sind dann mit ihm in Oberbayern gelandet, auf dem Bauernhof der Familie Dangl in Spieln; dort haben sie Unterkunft und Arbeit gefunden. Und wie dann die Eltern nach ein paar Jahren bald hintereinander weggestorben sind, da ist der Poldei alleine übrig gewesen.

Weil er schon einmal da war, haben ihn die Dangls in Spieln auch weiterhin bei sich behalten. Er hat mitgeholfen in der Landwirtschaft, soweit ihm das möglich gewesen ist, und so ist er allmählich in die Jahre gekommen. Ich hab mich ein bissl angefreundet mit ihm, weil ich mit dem Diktiergerät von Zeit zu Zeit in Spieln vorbeigekommen bin. Da haben wir dann immer eine Weile miteinander geredet, der Poldei und ich. Und manchmal hab ich ihm ein Markstückl zugesteckt, damit er sich am Sonntag im Wirtshaus eine Limo hat leisten können.

Vor ein paar Jahren ist dann der Poldei die Bodenstiege runtergefallen und hat sich einen komplizierten Oberschenkelbruch zugezogen. Da hat er ins Krankenhaus müssen, und wie ich mit der alten Frau Dangl dann einmal darauf zu sprechen gekommen bin, wie denn das mit dem Poldei weitergehen soll auf die alten Tage, da hat sie zunächst überhaupt nicht verstanden, was ich meine. Und dann hat sie gesagt: «Ja mei, der Poldei. Der Poldei bleibt da, den gebn mir nimmer weg, der Hof tragts.»

Viel hat der Poldei ja nicht mehr tun können, wie sie ihn aus dem Krankenhaus wieder entlassen haben. Etwa ein Jahr lang ist er noch umeinandergekrebst auf dem Hof, er hat nur noch ganz leichte Arbeiten verrichten können, mehr zum Zeitvertreib – und dann ist er eines Morgens im Oberbayerischen Volksblatt gestanden, der Herr Leopold Habel. Ich hab gar nicht gewußt, daß er sich so geschrieben hat. Und wenn unter dem Namen nicht gestanden hätte: «Spieln-Poldei von Spieln» und ein Dankeswort der Familie Dangl für treue Dienste, dann hätte ich überhaupt nicht gewußt, um wen sich's da handelt. Es war unerwartet und rasch gekommen mit ihm, am nächsten Dienstagnachmittag ist in Stephanskirchen das Begräbnis gewesen. Ich bin hingegangen, erstens weil ja der Poldei mein Freund gewesen ist, und zweitens weil ich mir gedacht habe, daß ohnehin nicht viele Leute da sein werden.

Aber wir leben in Bayern. Und der junge Dangl hat dem Poldei ein Begräbnis ausgerichtet, wie wenn tatsächlich ein naher Angehöriger der Familie verstorben wäre. Die Bauern aus dem ganzen Umkreis sind mit ihren Familien dagewesen, die Stephanskirchener Kirche hat sie gar nicht alle gefaßt. Und wie der Gottesdienst zu Ende gewesen ist, da haben sie alle miteinander dem Poldei das letzte Geleit gegeben, vorneweg eine Blaskapelle. Und weil der Weg von der Leichenhalle zum Grab ein bissl arg kurz gewesen ist, sind die Musikanten und der Herr Pfarrer Fritz und all die vielen Trauergäste mit dem Poldei seinem Sarg einmal rund um den ganzen Stephanskirchener Friedhof gezogen – außen rum, damit's auch dafürgestanden hat.

Und der Poldei selig, wenn er's vielleicht hat sehen können aus jener Welt: der Poldei, mein ich, wird sich darüber gefreut haben, und für den Rest der ewigen Seligkeit wird er immer wieder daran zurückdenken müssen, wie schön es bei seiner Leich gewesen ist.

Wir leben in Bayern. Wir leben in einem guten Land unter guten Leuten. Wenn wir schon nicht zu Hause im böhmischen Reichenberg haben bleiben dürfen, oder in Prag, dann wüßten wir uns, die Frau Preußler und ich, kein besseres Land unter Gottes Sonne, wo wir lieber leben und eines schönen, hoffentlich noch in angemessener Ferne liegenden Tages auch sterben möchten, als eben hier.

Jörg Steiner
Entsorgung

An ihrem vierundfünfzigsten Geburtstag erhielt die
Vorsitzende der Senioren-Fürsorgestiftung «Fortuna»
folgendes Schreiben:

Sehr geehrte Frau Wüthrich, Sie werden gewiß erstaunt
sein, von mir schon wieder ein Lebenszeichen zu erhalten, nachdem ich mich doch bei Ihnen bereits vor drei
Jahren mit einem Gedicht gemeldet habe.

Bis auf die Tatsache, daß ich keine Gedichte mehr mache, hat sich hier wenig verändert. Alle achten darauf,
die Ordnung der Dinge nicht zu stören. Lange Zeit habe
ich die Papierkörbe geleert. Hier, im Altersheim, werden
sie in Plasticsäcke gekippt. Die Plasticsäcke werden zum
Container in den Hof gebracht, die Container werden
am Dienstag und am Freitag jeder Woche von einem
Sammelwagen abgeholt und in die Müllverbrennungs-
anlage gefahren. Jetzt, im Dezember, ist die Entsorgung
schwierig. Die Straße führt vom Schoßhalden-Hügel
nach Ottikon hinunter und gleich wieder hinauf nach
Winterbach. Das Heim ist außerhalb des Dorfes gebaut
worden; darum bleibt der Schnee bei uns viel länger
liegen als im Dorf. Die Müllmänner passen auf, daß
sie nicht auf nassem Laub oder auf dem Glatteis aus-
rutschen, wenn sie die Plasticsäcke in den Sammelwagen
werfen. Nach getaner Arbeit machen sie bei uns eine
Kaffeepause und setzen sich dann wohl, wenn die Sonne
scheint, für eine halbe Stunde im Friedhof oben in Winterbach an die Sonne. Ihr Tag ist, wie der unsrige auch,
von festen Regeln bestimmt.

Nun muß ich zugeben, daß die Heimleitung jene In-
sassen, die gegen die Regeln der Hausordnung ver-
stoßen, mit Gebißentzug bestraft; aber die Betroffenen

sprechen nicht gerne darüber. Sie ziehen es vor, die Strafe schweigend zu ertragen. Im Alter ist es leichter, Hunger zu haben: Alter kennt eben auch seinen Trost.

Gestern machte uns unsere Heimleitung den Vorschlag, Sie um einen gelegentlichen Besuch zu bitten und Ihnen Glück zu Ihrem Geburtstag zu wünschen, was hiermit geschah. Es grüßt Sie mit vorzüglicher Hochachtung

Frieda Hiermeyer, Mutter, 87 Jahre

Caspar Faber
Friedrich der Große

«Friedrich der Große» wurde von vielen Deutschen der Preußenkönig genannt, der von 1740 bis 1780 regiert hat. Heute sollte er besser nur Friedrich II. heißen. Denn erstens hatte er auch kleine, kleinliche, unangenehme Züge (zum Beispiel sprach er mit seinen Untergebenen – und wer wäre ihm nicht untergeben gewesen? – schnarrend von oben herab; wenn man ihn mit seiner Gegnerin, der Kaiserin Maria Theresia in Wien, vergleicht, findet man sie ebenso «groß», aber viel liebenswerter). Zweitens sollte man überhaupt keinen Menschen pauschal «groß» nennen.

Groß war Friedrich ohne Zweifel als Feldherr. Viele Deutsche mögen nicht mehr von «großen Feldherren» reden, nachdem ein «größter Feldherr aller Zeiten» sie verführt und erniedrigt hat. Dagegen sagen ausländische Freunde: Ein großer Feldherr ist ein großer Feldherr; euer Friedrich war einer.

Eine Feldherren-Idee Friedrichs war die «schiefe Schlachtordnung»: Er griff mit seinen schwächeren, aber beweglichen Truppen die mächtigere, aber starre Formation des Feindes von der Seite her an; dort war er für kurze Zeit an Kräften überlegen. So hat er oft eine Schlacht gewonnen, manchmal durch einen Überraschungsangriff seiner Husaren unter General Zieten, dem «Zieten aus dem Busch».

Ebenso oft hat Friedrich allerdings Schlachten verloren, und er war sogar nahe daran, seinen dritten Krieg zu verlieren, denn viele Länder hatten sich gegen Preußen verbündet. Doch in Russland kam Zar Peter III. auf den Thron und verließ das Bündnis, weil er Friedrich persönlich bewunderte. Dadurch wurde ein für Preußen sehr günstiger Frieden möglich.

Groß war Friedrich auch als «Erster Diener seines Staates»: so sah er sich selber (ganz anders, als hundert Jahre davor der Franzosenkönig Ludwig XIV. sich gesehen hat und nach ihm viele Dutzende europäischer Fürsten: «Der Staat – das bin ich»). Friedrich hatte eine sparsame Hofhaltung. Er reformierte den Staatsapparat (über die Akkuratesse preußischer – später: deutscher – Beamter haben unsere liberalen Satiriker viel gewitzelt; manche Nationen haben uns darum beneidet, und wir selber haben heute Anlaß, uns nach «preußischen» Beamten zu sehnen; einige gibt es noch). Er verfügte die Schulpflicht für alle Kinder seines Landes (womit er zugleich Arbeitsplätze schuf: seine Unteroffiziere waren ihm als Grundschul-Lehrer gerade recht). Er förderte Handel und Gewerbe, Wissenschaft und Künste (und war selber ein recht guter Flötenspieler). Er ließ sumpfiges Auengelände urbar machen und besiedeln. Er kümmerte sich um die Forst- und die Landwirtschaft…

Sehr folgenreich war die Einführung der Kartoffel mit Hilfe einer List. Friedrich ließ die ersten Kartoffeläcker seines Königreiches in den letzten Wochen vor der Ernte von Soldaten bewachen. Die mißtrauischen Bauern sollten das Gefühl bekommen: Donnerwetter, Kartoffeln müssen was besonders Leckeres sein!

Es gibt unzählige Anekdoten von Friedrich, der in Preußen erst von seinen Soldaten, dann vom ganzen Volk rauh, aber liebevoll «der Alte Fritz» genannt wurde. Zwei seien hier erzählt:

Die Windmühle Als König Friedrich den Blick von der Terrasse seines neu erbauten Schlosses im Park von Potsdam genossen hatte und sich zum Schloß zurückwandte, erschrak er: Hinter seinem vornehm niedrigen Bauwerk stand eine Windmühle, die es derb überragte.

Friedrich ließ den Müller kommen und sagte: «Bitte

lasse Er Seine Mühle abbrechen und anderswo neu errichten. Ich will Ihm einen Platz anweisen und einen guten Zuschuß gewähren.»

Der Müller fragte: «Majestät, was habt Ihr gegen Windmühlen?»

Der König sagte: «Gar nichts. Jedes Schulkind in Preußen weiß, daß ich Tag und Nacht darüber nachdenke, wie die Landwirtschaft und das Gewerbe immer besser gedeihen können. Aber es steht mir wohl zu, manchmal eine halbe Stunde nicht an Landwirtschaft und Gewerbe erinnert zu werden. Darum habe ich mein Schloß Sanssouci genannt: Frei von Sorgen. Nehme Er mir also bitte die Windmühle aus den Augen!»

Der Müller sagte: «Majestät, die Mühle ist von meinem Vater erbaut worden. Sie war vor dem Schloß da. Nächstes Jahr will ich sie unserem Sohn übergeben. Sie bleibt stehen, wo sie steht.»

Der König knurrte den Müller an, vielmehr, er herrschte ihn an, von oben herab: «Mir hat mein Vater eine Armee hinterlassen, und die hat Kanonen. Versteht Er das? Schließlich bin ich hier der König.»

Da sagte der Müller: «Das schon, Majestät. Aber es gibt auch noch das königliche Kammergericht in Berlin.»

Zieten   Ein berühmter Ausspruch Friedrichs lautet: «Jeder soll nach seiner Fasson selig werden.» Fasson heißt Art und Weise. Also: Dem König war es gleichgültig, welche Religion seine Untertanen hatten. Seine eigene Fasson war der Atheismus.

Eines Sonntags war Friedrichs alter Reitergeneral Joachim Hans von Zieten zum Mittagessen an der königlichen Tafel eingeladen. Die anderen Gäste waren schon da, Zieten noch nicht: er war in der Kirche, beim Abendmahlsgottesdienst.

Endlich kam er (etwas krumm, weil vom vielen Reiten

seine Bandscheiben kaputt waren) und wollte sich entschuldigen. Friedrich wehrte großmütig ab und witzelte stattdessen: «Nun, hat Er seinen Heiland ordentlich verdaut?»

Der König fand, das sei ein netter Scherz, und die übrigen Gäste, Freigeister wie er, fanden das auch und grinsten.

Zieten fand das nicht. Er war rauhe Späße gewohnt, aber hier wurde die Fasson, nach der er selig zu werden hoffte, lächerlich gemacht. Er sagte: «Majestät, nehmt es mir nicht übel, aber ich will lieber zu Hause mittagessen», und wandte sich zur Tür.

Der König erschrak. Er trat seinem General in den Weg und sagte: «Alter Freund, kann Er meine Ungehörigkeit vergessen?»

Zieten sagte: «Nein, Majestät, das kann ich nicht», und ging an ihm vorbei.

Friedrich eilte ihm nach, stellte sich vor ihn hin, sah ihn an und sagte, nicht von oben herab, sondern Aug in Aug: «Kann Er mir die – äh – Kränkung, kann er mir die – äh – verzeihen?»

Da sagte Zieten: «Ja, Majestät, das kann ich.»

Ob diese Geschichten wahr oder nur gut erfunden sind, braucht uns nicht zu bekümmern. Manche Deutsche – nicht nur Preußen – erzählen sie ihren Kindern, wenn sie Beispiele für den gelebten Rechtsstaat, für Männerstolz vor Königsthronen und für Toleranz suchen. Und wenn sie an andere Könige und Machthaber denken, die sie hatten, an andere Staaten, andere Bürger, dann ist Friedrich II. für sie doch immer wieder mal «Friedrich der Große».

Klaus Harpprecht
Die «Reichskristallnacht»

Wir saßen beim Abendessen. Die Mahlzeiten im Pfarrhaus waren karg: Suppe, Nudeln oder Kartoffeln, Gemüse oder Salat, am Sonntag Braten. Es war Sonntag. Buß- und Bettag.

Das Telefon stand im Flur. Als es klingelte, lief der Vater hinaus. Nach einer Minute begann er zu brüllen. Wir hoben die Köpfe. Er schrie: «Wo ist die Polizei? Das ist Landfriedensbruch! Das ist Totschlag! Das ist versuchter Mord!» Er warf den Hörer auf die Gabel. Wir aßen nicht weiter. Wir hörten, daß er eine Nummer wählte. «Herr Landrat», sagte er scharf, «Sie sind durch Ihren Eid zum Handeln verpflichtet. Sie müssen die Rädelsführer verhaften lassen, und wenn der Kreisleiter zu ihnen gehört.»

Dann kam er bleich an den Tisch. «Der Feigling wird sich nicht rühren», sagte er. «Was ist passiert?» fragte die Mutter. Die Erregung machte ihn heiser. Das Sprechen wurde ihm schwer. «Die SA hat Vetter von Jan zusammengeschlagen. Man hat ihn ohnmächtig ins Haus geschleppt. Aber er lebt.»

«Vetter» sagte er, obwohl Julius von Jan sein Neffe war, Sohn seiner ältesten Schwester, kaum zehn Jahre jünger als er, Pfarrer drüben in dem Dorf Oberlenningen, zwei Wegstunden von unserem Städtchen entfernt. Ein ruhiger, in sich gekehrter Mann. Wir Kinder hatten ihn gern. Am Morgen habe der Vetter, sagte Vater, in seiner Predigt die Ausschreitungen gegen die Juden scharf abgelehnt.

Ich war elf Jahre alt und verstand nicht viel. Der Zorn des Vaters übersetzte sich mir zu einer Angst, die lange gegenwärtig blieb. Ich glaubte, das Brüllen der anstürmenden Horden zu hören, meinte, die Fäuste und die

Latten zu sehen, mit denen sie auf den schmalen, zarten Mann in seinem schwarzen Pastorenrock einprügelten. Vom Juden-Pogrom am neunten November 1938 hatte ich nichts wahrgenommen. Nur wenig drang der Anlaß der Mörderei und Brennerei in mein Bewußtsein. In Paris hatte ein junger Jude, in bitterem Zorn über die Entrechtung der Seinen, einen deutschen Diplomaten niedergeschossen: für den Propaganda-Minister Goebbels ein willkommener Vorwand, den braunen Pöbel gegen die jüdischen Bürger zu mobilisieren.

In unserem Städtchen brannte nichts. Keine eingeschlagenen Schaufenster. Keine Scherben, keine Plünderungen. Es gab keine Synagoge. Es gab keine jüdischen Geschäfte. Wohl auch keine Juden, nicht mehr. Sie waren fortgezogen.

Anderntags sagte der Vater, Vetter von Jan sei bleich wie der Tod zu seiner Buß- und Bettags-Predigt auf die Kanzel getreten. Er habe gewußt, daß ihm das Martyrium drohe. Der Vetter sei kein politischer Mensch. Soldat im Ersten Weltkrieg. Ein nationaler Mann. Gerade darum habe er das Unrecht beim Namen genannt. Er schäme sich, sagte der Vater, daß er in seiner eigenen Predigt nicht klarer gesprochen habe. Der fette Kreisleiter und der Hitlerjugend-Führer, sagte er weiter, hätten die SA zur mörderischen Jagd zusammengetrieben. Der Bannführer, berichtete er, habe Theologie studiert – wie Vetter von Jan, wie er selber: Zögling des Tübinger Stiftes. Die Schule von Hegel, von Hölderlin, von Mörike: «Dahin ist es mit Deutschland gekommen», sagte er und stand auf.

Später, sehr viel später, sagte mir meine Frau, sie habe in den Tagen nach jenem neunten November, ein blutjunges Mädchen, lang nicht gewagt, das Haus zu verlassen, aus Furcht vor den Häschern. Später, sehr viel später, las ich, daß Julius von Jan seine Gemeinde mit dem Propheten Jesaja zum Gehorsam gegen Gott gerufen hatte: «Land, Land, höre des Herrn Wort!» Das Blut, das vergossen worden sei, werde über uns kommen, sagte er an jenem November-Sonntag. Deutschland werde brennen, wie die Synagogen brannten.

So war es dann auch. – Der Pfarrer von Jan wurde zu einer Zuchthausstrafe verurteilt. Nach einigen Jahren entließ man ihn zur Frontbewährung. Er überlebte, aber in seinem Pfarr-Dorf wurde er nicht mehr heimisch.

Der Bannführer, so wurde mir berichtet, hatte in den letzten Tagen des Krieges den Bürgermeister und einen Wirt erschießen lassen, die vor den anrückenden Truppen der Amerikaner die weiße Flagge hißten, um ihr Dorf vor der Zerstörung zu retten. Als ihm der Prozeß gemacht werden sollte, tauchte er unter. Er lebte dann in Kanada unter anderem Namen und ist dort schließlich gestorben.

Ludwig Harig
Das Land wo die Zitronen blühn

Ich war sechzehn. Nach den Sommerferien, im Oktober 1943, lasen wir in der Schule den «Taugenichts» von Eichendorff. Mein erster Blick auf das Titelblatt des Reclamheftchens verzauberte mich. Eine Kutsche fährt vorbei. Eben hat sie einen Wacholderbusch passiert, der Weg ist schmal und mit Schotter bedeckt, die Pferde streben einem fernen Horizont entgegen. Der Taugenichts streckt sich auf dem Rücksitz im Sonnenlicht, hält seine Geige im Arm, schaut nach Wiesen und Büschen, die bunt vorüberfliegen. Ich sehe die Kutsche schräg von hinten, die Pferde haben den Scheitelpunkt einer sanften Erhebung erreicht, hurtig eilt der Reisewagen davon. Was für ein Glück, daß es eine Zeichnung ist und kein Film; auf dem Bild bleibt das unaufhörliche Fahren, ein immerwährendes Reisen, ein ewiges Unterwegssein.

Lehrer Zülicke spazierte vor der Klasse auf und ab, rollte die Augen, schnalzte mit der Zunge und schwenkte das Büchlein hoch über unseren Köpfen, als schwinge er die Peitsche des Kutschers durch die Luft. «So zog ich zwischen den grünen Bergen und an lustigen Städten und Dörfern vorbei gen Italien hinunter», rezitierte er, ahmte mit weit vorgeschobener Unterlippe eine Figur der Erzählung nach und pries mit den Worten des Dichters das Land, wo einem die Rosinen ins Maul wüchsen, wenn man sich nur entspannt auf den Rücken lege und in die Sonne blinzele. «Und wenn einen die Tarantel beißt», rief er aus, «so tanzt man mit ungemeiner Gelenkigkeit, wenn man auch sonst nicht tanzen gelernt hat.» Der Lehrer konnte, wenn er Schüler für Schüler weiterlesen ließ, die Stellen kaum abwarten, bei denen der Dichter etwas nach seinem Geschmack außerordentlich Schönes und Zutreffendes erzählt. Dann fiel er dem

Vorlesenden ins Wort und las im Überschwang seiner Gefühle weiter: «Da bist du nun endlich in dem Lande, woher immer die kuriosen Leute zu unserm Herrn Pfarrer kamen mit Mausefallen und Barometern und Bildern. Was der Mensch doch nicht alles erfährt, wenn er sich einmal hinterm Ofen hervormacht.»

Ich war begeistert, ich war beglückt. Joseph von Eichendorff, der schlesische Dichter, führte uns an der Seite des Taugenichts über die Alpen nach Italien hinab. Der Dichter läßt den Postillion ins Horn stoßen, ich höre, wie es tönt; er läßt die Winzer in den Weinbergen singen, ich höre, wie es schallt; er läßt Herrn Guido die Zither schlagen, ich höre, wie sie klingt. An den Nachmittagen spazierte ich mit meinem Freund über die Wiesen, im Gehen lasen wir uns gegenseitig vor, wir blähten uns auf wie waschechte Italienfahrer, wähnten uns auf den Römerstraßen der Lombardei, in den Baumgärten der Toskana, unter dem blauen Himmel Umbriens; die Äpfel an den Chausseebäumen wurden uns zu Pomeranzen, und bei der Rückkehr am Abend lag das Schloß, das unser Wohnheim war, wie das Schloß der schönen Gräfin im blassen Mondschein. Auch unsere künstlichen Figuren von Buchsbaum waren nicht beschnitten und streckten wie Gespenster lange Nasen in die Luft, auch unsere Wasserkunst war ausgetrocknet, auch unsere Statuen waren zerbrochen, auch unser Garten war mit wildem Unkraut überwachsen. Mitten in Deutschland lebten wir in der italienischen Welt des Taugenichts. In Idstein im Taunus hatte ich so ein gewisses feuriges Auge bekommen wie der Taugenichts in Rom, sonst aber war ich noch gerade so ein Milchbart, wie ich zu Hause gewesen bin, nur auf der Oberlippe zeigten sich ein paar Flaumfedern – und ich wünschte, daß mir nicht eher ein Bart wüchse, als bis auch dem Taugenichts einer gesprossen wäre!

Italien sei das Traumland der Deutschen, erzählte unser Lehrer, nicht nur den Taugenichts habe es dorthin verschlagen. «Kennst du das Land, wo die Zitronen blühn?» frage das Mädchen Mignon in einem Gedicht von Goethe, und sogleich breche die Sehnsucht aus ihr hervor: «Dahin möcht ich mit dir, o mein Geliebter, ziehn.» Goethe und zahlreiche Künstler seien dem verlockenden Ruf aus dem Land der Zitronen gefolgt; des Lichtes, der Wärme, des leichteren Lebens wegen, erklärte der Lehrer; doch lange vor ihnen habe das Fernweh deutsche Könige und Ritter nach Italien getrieben, wo sie alle ihr Glück machen wollten. «Es ist seit alters eine Sehnsucht der Deutschen, über die Alpen zu ziehen», sinnierte er und fuhr sich gedankenverloren über Augen und Stirn.

Nachts, wenn aus der Stille des Städtchens ein heiseres Hundegebell, aus der Tiefe des Tiergartens ein scharfer Käuzchenruf durch unser Schlafzimmerfenster hereindrangen und ich nicht einschlafen konnte, hörte ich aus dem Zimmer unseres Lehrers ein melodisches Gemurmel, so als läse er heimlich im «Taugenichts» weiter. «Laßt uns in unserer Lektüre fortfahren», sagte er anderentags; «wer weiß, wie lange wir uns noch in Ruhe mit unserer Italiensehnsucht beschäftigen können.»

Es war Krieg. Am 9. September waren die Alliierten bei Salerno gelandet, hatten am 1. Oktober Neapel eingenommen, am 5. den Volturno überschritten und befanden sich auf dem Weg nach Monte Cassino. Mein Onkel Kurt, der zu Weihnachten ein paar Tage Urlaub bekommen hatte, erzählte uns, wie die Amerikaner aus ihren Landungsbooten auf den Strand gesetzt wurden. «Wir lagen den ganzen Sommer über in einem Dorf bei Paestum in der Nähe des Poseidontempels», schwärmte er. «Dort lebten wir wie die Maden im Speck. Tagsüber drückten wir uns im Schatten herum, abends kehrten wir ins Wirtshaus ein, aßen wie die Fürsten, tranken mit den Dorfleuten Wein vom Vesuv und wurden fett wie die Ottern und faul wie die zahnlosen Hunde hinterm Ofen.» Corrado habe ihn der Lehrer des Ortes genannt, das sei der italienische Name für Kurt, was von Konrad herstamme, und Konrad hätten die deutschen Kaiser geheißen, die nach Italien gekommen seien.

Onkel Kurts Italienliebe war am Ende arg ramponiert. «Als die Amerikaner an Land gingen, war der ganze Strand in ein gleißendes Licht unserer Scheinwerfer getaucht», erinnerte er sich; «vier Uhr nachts ist es gewesen, aus allen Rohren hat es gekracht, ich war mit meinen Kameraden gerade drei Stunden vorher aus der Wirtschaft in die Stellung zurückgekommen. Da war Schluß mit dem schönen Leben!» Ich lauschte mit heißen Ohren und schämte mich meiner Kumpanei mit dem Taugenichts, der nur «Tischlein deck dich!» zu sagen brauchte, und schon lagen Melonen und Parmesankäse vor ihm auf dem Teller.

Nach den Weihnachtsferien hatten wir nicht mehr viel zu lesen. Das römische Leben des Taugenichts neigte sich dem Ende zu, die Gitarren hatten ausgeklimpert, die Geige war verstummt. Eine verwickelte Liebesgeschichte hatte Gedanken und Gefühle des armen Taugenichts durcheinandergebracht, nun wußte er nicht mehr, was er in Italien anfangen sollte. Unser Lehrer wanderte durch die Bankreihen, das Reclamheftchen in der Jackentasche, räusperte sich und gestikulierte mit ausgestreckten Händen, als wäre er selbst der Taugenichts, der sein Mißgeschick mit lebhaften Gebärden erklären wolle. Plötzlich blieb er stehen, zog das Heftchen aus der Tasche, schlug es auf und las: «Da stand ich nun unter Gottes freiem Himmel wieder auf dem stillen Platze mutterseelenallein, wie ich gestern angekommen war. Die Wasserkunst, die mir vorhin im Mondscheine so lustig flimmerte, als wenn Engelein darin auf und nieder stiegen, rauschte noch fort wie damals, mir aber war unterdes alle Lust und Freude in den Brunnen gefallen. – Ich nahm mir nun fest vor, dem falschen Italien mit seinen verrückten Malern, Pomeranzen und Kammerjungfern auf ewig den Rücken zu kehren, und wanderte noch zur selbigen Stunde zum Tore hinaus.»

Mucksmäuschenstill saßen wir in unseren Bänken: wir waren enttäuscht. Fast schon entschlossen, dem Taugenichts nachzufolgen in Festgelage und Liebesabenteuer, erlebten wir nun seinen Katzenjammer, als wäre er unser eigener. Unter dem Wohlklang der berauschenden Sätze hatte ich Onkel Kurts Kriegsgeschichten fast vergessen, als ich mit einem Schlag wieder an ihn denken mußte und jählings begriff, daß nicht jedermann sein Glück in Italien machen kann, der nur drei Münzen in den Brunnen wirft und sich ein Tischleindeckdich wünscht.

«Keine Bange», rief unser Lehrer, der lieber der Geschichte vorausgriff als unser Unbehagen zu ertragen; «es wird sich alles aufklären.» Und wirklich, es klärt sich alles auf und wendet sich zum Guten. Wieder erhebt sich ein Spektakel von Pauken und Trompeten, Böller krachen, Mädchen tanzen, es rumpelt und pumpelt, denn ein Stein fällt vom Herzen. «Von fern schallte immerfort die Musik herüber, und Leuchtkugeln flogen vom Schloß durch die stille Nacht über die Gärten, und die Donau rauschte dazwischen herauf – und es war alles, alles gut!»

Am nächsten Morgen brachte unser Lehrer ein dickes Buch mit in die Klasse. Es war eine Sammlung der schönsten Erzählungen aus dem vorigen Jahrhundert, herausgegeben und eingeleitet von Hugo von Hofmannsthal. Herr Zülicke war ernst und verlegen. Er strich sich wieder und wieder durch sein Haar, kniff die Augen zusammen und wußte nicht recht, wie er beginnen sollte. Schließlich sagte er: «Dem letzten Satz unserer Geschichte vom Taugenichts möchte ich einen Satz von Hofmannsthal hinzufügen: Er beleuchtet vielleicht am deutlichsten das Bild unseres romantischen Helden, den es so unwiderstehlich nach Italien gezogen hat.» Der Lehrer schlug das Buch auf, hielt es eine Weile aufgeblättert in der Hand, senkte dann seinen Blick auf die Buchseiten und las mit emphatischer Stimme, was Hugo von Hofmannsthal an Eichendorff und seiner Dichtung rühmt: «...das Beglänzte, Traumüberhangene, das Schweifende, mit Lust Unmündige im deutschen Wesen, worin etwas Bezauberndes ist...» – er hielt einen Augenblick inne und fuhr mit belegter Stimme fort: «... das aber ein Maß in sich haben muß, sonst wird es leer und abstoßend.»

Das Maß im Schweifenden, wie sollte so etwas möglich sein, dachte ich, und es zog mich in meinen Gedanken zu Onkel Kurt nach Italien. Sein schönes Leben unter dem ewig blauen Himmel ist zu Ende, nun liege ich neben ihm auf dem Monte Cassino, eingegraben in die Trümmer des Klosters, von fern schallt Geschützdonner herüber, Leuchtkugeln fliegen durch die Nacht, prasselnde Maschinengewehrgarben rauschen herauf, und es ist alles, alles verloren.

James Krüss
Entscheidung

Als ich, erzählte mir die Frau v. G., im kalten Februar
des Jahres 1945 mit meinen neun Kindern den zu jener
Zeit verbotenen Übergang über die Oder nach Westen zu
wagen beschloß, da die sowjetische Armee sich näherte,
schickte ich meine acht Großen auf verschiedenen Wegen über den Fluß, ging aber selbst nur mit unserem
Nachkömmling, einem vierzehn Monate alten Säugling,
dazu mit meinem Schmuck, zur Oder, wo eine Militär-
streife mich faßte und mir nach längeren Verhandlungen
den Übergang erlaubte unter der Bedingung, entweder
meinen kleinen Sohn oder den Schmuck zurückzulassen,
worauf ich ohne Zögern meinen Schmuck zurückließ
und trotz der Kälte den Flußübergang auch schaffte, den
unser Nachkömmling jedoch nicht überlebte, so daß, als
später die acht Großen wieder zu mir stießen, ich ohne
unseren Kleinen und auch ohne Mittel dastand und mir
überlegte, ob, wenn ich statt des Schmucks das Kind
zurückgelassen hätte, ich ihm nicht das Leben, uns anderen aber die Mittel zum Leben erhalten hätte.

Sybil Gräfin Schönfeldt
Die Großmutter

Großmutter zu werden ist für die meisten Frauen eine
große Freude. Da spielt vieles mit, nicht zuletzt das Gefühl des Neubeginns von schon einmal Erlebten, das
man nun, reich an Erfahrung und mit größeren Einsich-
ten, viel besser genießen und verstehen kann.

Viele Großmütter lieben – zu ihrem eigenen Erstaunen
– die Enkelkinder, wie sie die eigenen Kinder nicht geliebt haben. «Sicher,» sagen sie, «ich habe meine Kinder
auch lieb gehabt. Aber die Liebe zu den Enkelkindern –
das ist etwas ganz besonderes...»

Rund ein Drittel aller Mütter mit Kindern unter achtzehn Jahren ist berufstätig. Das wäre oft ohne die Hilfe
der eigenen Familie kaum zu bewältigen, und es ist die
Großmutter, die hier die wichtigste Rolle spielt. Insgesamt werden fast doppelt so viele Kinder berufstätiger
Mütter von Großmüttern und Tanten versorgt wie in
Heimen oder Tagesstätten.

Großmutter – Vorstellung Nummer eins ist gefühls-
beladen und seit Generationen vertraut. Da sieht man
eine gütige Frau, die mit dem Leben abgeschlossen hat,
ohne eigene Wünsche ist, immer Zeit für andere hat,
den Enkeln Märchen vorliest und Puppenkleider näht,
die in jedem Advent wie seit dreißig oder fünfzig Jahren
Springerle und Spekulatius backt und niemals die Geduld und die liebevolle Opferbereitschaft verliert. Das
ist das Bild, von dem die meisten Eltern träumen.

Vorstellung Nummer zwei ist neu und auch gefühls-
beladen. Es ist die Großmutter, die zusammenzuckt,
wenn jemand Oma zu ihr sagt; die seit Jahren im Beruf steht und erfahren hat, daß jung bleiben muß, wer
vorwärts kommen will, die sich die Haare färbt und auf
die Ratschläge von Gerontologen und Psychologen hört,

sie dürfe sich nie der Isolierung und Langeweile in die Arme werfen, sie müsse Interessen haben, Anschluß an andere finden, ein Hobby entwickeln, reisen, Gespräche und Gesellschaft pflegen, denn nur dann entgehe sie dem Älterwerden. Sie hält sich den Winter über in Mallorca auf, besucht Clubs, Konzerte und den Coiffeur und hat keine Zeit zum Enkelhüten, weil sie, wie ihre Kinder verbittert sagen, «nur an sich denkt». Das ist das Bild, das die Eltern fürchten und bekritteln.

Nun ist es freilich so: die Emanzipation hat auch vor der Großmutter nicht halt gemacht. Wenn die Tochter Beruf und Ehrgeiz nur auf Kosten der eigenen Mutter realisieren kann, so darf sie sich nicht wundern, wenn diese Mutter sagt: «Nein danke! Ich habe lange genug tagsüber gewaschen und gekocht und nachtsüber gesunde Kinder gehütet und kranke Kinder gepflegt. Ich will endlich auch meine Freiheit genießen.»

Diese Großmütter wollen genau das gleiche wie die Töchter, nur: erst nachdem sie das erfüllt und hinter sich gebracht haben, was zu ihrer Zeit «die Pflicht einer Mutter» genannt wurde. Deshalb haben sie zu Recht das Gefühl, sich Ruhe und Freiheit am Ende des Lebens verdient zu haben. Wer will Großmüttern diesen «Egoismus» übel nehmen? Die Realität bietet ja auch das Bild jener Großmutter, die von den Kindern egoistisch und rücksichtslos ausgenutzt, von ihnen zur Haussklavin degradiert wird. Sie läßt sich von den Kindern die Rente aus der Tasche ziehen, schuftet sich ohne Urlaub und ohne Pause durch die Tage, hört nie ein «bitte!» oder «danke!» – das klassische Bild der «Oma fürs Grobe», die keine Zeit für sich selbst hat und sich schon gar nicht um das kümmern kann, was augenblicklich in der Pädagogik modern ist. So muß sie sich oft von den eigenen Kindern vorwerfen lassen, daß sie als Erzieherin der Enkel versagt.

Die wirkliche, lebendige und wahre Großmutter ist anders. Sie ist manchmal, im Rhythmus von Zeit und Lebenskraft, eins nach dem anderen. «Wozu lebe ich denn?» fragte eine, deren Geschwister ihr vorwarfen, sie lasse sich ausnutzen. Sie stammte aus einem der großen Häuser, in denen früher ganz selbstverständlich die Generationen zusammen wohnten, solange sie lebten. «Das gibt es nicht mehr», sagte sie, «aber wenn ich schon das Glück habe, Enkelkinder gesund und in Frieden aufwachsen zu sehen, warum soll ich absichtlich auf sie verzichten? Warum soll ich nicht die Großmutter sein, an die sie sich später erinnern können, wenn sie sich fragen *Wie soll ich leben?*»

Wie Großmütter auch sind, nachgiebig und immer mit Schokolade in der Handtasche, lustig wie ein Clown und vollkommen anders als alle Frauen ringsum, streng und voller Gedichte, die sie auswendig können, dick und Herrin über Hunde und Katzen, dünn und eine himmlische Köchin, jung und Bergsteigerin, alt und fast taub: Enkelkinder freuen sich offenbar immer, wenn eine Großmutter ins Haus kommt oder die Erziehung übernimmt. Eine Studie über modernes Familienleben hat ergeben, daß Großmütter noch nie so beliebt gewesen sind wie heute. Kinder wollten lieber als mit Fußballhelden und Schlagerstars mit ihrer eigenen Großmutter einen Monat lang zusammenleben. Und die Leiterin eines Kindertagesheimes sagte: «Die schlechteste Großmutter ist immer noch besser als ein Heim.» Warum?

Alltage und Sonntage mit den Großeltern – das bedeutet zumeist: ein Leben bei zwei alten oder fast alten Menschen, bei denen die Aufregungen und Auseinandersetzungen der ersten Ehejahre vorbei und vergessen sind. Kein Kampf der Geschlechter mehr, Abgeklärtheit statt Anpassungs-Spannungen, Zuneigung statt Sex. Dafür Gefühle, die wärmer, differenzierter, beständiger sind als bei jungen Eltern. Großeltern wandeln sich nicht mehr, sie sind, was sie sind, und es fällt dem Kind leicht, ihre ruhigen Gestalten in seine Welt einzubauen, weil es weiß, daß es sich auf sie verlassen kann.

Eben aus diesem größeren Lebensreichtum, dieser Identität mit sich selbst läßt sich wohl alles ableiten, was die Großmutter so liebenswert macht: die Gelassenheit, mit der sie manche Krise einfach abwartet, weil sie das Leben immer wieder gelehrt hat, daß sich vieles von alleine klärt und löst. Die Ruhe, mit der sie dem Kind und seinen Versuchen zuschaut und dieses Zuschauen voll genießt, weil sie jetzt weiß, daß all die scheinbar sinnlosen und komischen Handlungen des Kindes noch eine tiefere Bedeutung auf seinem Wege zu sich selbst besitzen. Die Geduld, mit der sie dem Kind lernen hilft, weil sie sich darin erinnert, wie neu einem Kind alles ist und wie schwer ihm alles fällt – der erste Schritt und die ersten Buchstaben. Die Heiterkeit, in die sich auch Dank mischt, daß sie alles noch einmal miterleben kann. Der Abstand, den sie zu allem hat und der sie nicht vorschnell reagieren und urteilen läßt, weil sie weiß, wie vieles immer unerklärbar bleibt, wie vieles sich im Leben wiederholt, wie fraglich es ist, ob wir mit all unserer Leidenschaft etwas bewirken oder verändern können – auch bei dem Kind oder den Kindern, die uns anvertraut sind.

Eva Zeller
Ein Brief an Katharina von Bora

Liebe Katharina,
auf der Wartburg hängen Eure Hochzeitsbilder, von Lucas Cranach gemalt: Du schrägäugig, mit hohen Backenknochen und hoher Stirn unter enger Frauenhaube. Ich stelle mir vor, daß Du gern schöner, lieblicher, großäugiger gewesen wärst und daß Du, eine entsprungene Nonne, heilfroh warst, unter die Haube gekommen zu sein und vielleicht sogar hofftest, glücklich zu werden.

Schön oder nicht schön. Glücklich oder nicht glücklich. Mit einem Mal warst Du ausgesondert: die Frau Martin Luthers. Wie nahmst Du Dich aus neben einem Mann, in dem solche Bärenkräfte steckten, daß er Kaiser und Papst die Stirn bot; neben einem, der in steter Balgerei mit dem Teufel lag und in nie unterbrochenem Gespräch mit seinem Gott?

Hatte er nicht lauthals verkündet, niemals heiraten zu wollen, weil er täglich die Strafe erwarte, die ein Ketzer verdiene? Warum in aller Welt hielt Luther dann doch um Dich an? Woher dieser Sinneswandel? Um den Lästerern das Maul zu stopfen, schrieb er an seine Freunde; er hoffe, daß die Engel lachen und die Dämonen plärren werden, weil Gott ihn, während er ganz anderen Gedanken nachgehangen, wunderbar in die Ehe geworfen habe mit Katharina von Bora, jener Nonne...

Mit jener Nonne! Luther, ja der ist bekannt, weltbekannt, bezeugt, erforscht von Freund und Feind. Er gab einer Ära den Namen: Die Lutherzeit. Man taufte Städte nach ihm, Plätze, Straßen, Schulen, Häuser, ganz zu schweigen von den unzähligen Lutherdenkmälern landauf landab. Sein Geburts- und Sterbehaus sind Museen. Das Schwarze Kloster zu Wittenberg, das Du bewohnbar gemacht hast, ist eine Gedenkstätte, zu der die Leute

MARTIN LUTHER

wallfahren – natürlich nicht Deinetwegen. Du bist nur mit erforscht, abgeleitet von dem Mann, der aus Trotz «jene Nonne» geheiratet hat, abgespalten von ihm, als wärest Du wahrhaftig aus seiner Seite entnommen, während er schlief.

Aus jener Nonne wurdest Du zur Lutherin, «leiblich und wohnhaftig zu Wittenberg, meine gnädige Hausfrau, mein Liebchen, meine herzliebe Käthe, tiefgelahrte Doktorin, meine Kaiserin, meine Rippe» und wie immer Martin Dich titulierte. Kein Mensch hätte je mehr nach Dir gefragt, wärst Du nicht auf abenteuerliche Weise die Frau Martin Luthers geworden. Als Dir im Kloster zu Ohren kam, daß dieser Wittenberger Professor für Bibelerklärung von der Freiheit eines Christenmenschen sprach und er das Ablaßkaufen und Eifern nach guten Werken überflüssig und verdammlich fand, hast Du Dich zur Flucht entschlossen. Ein Übergang von einem Element ins andere muß das gewesen sein, von der Religion in den Glauben. Du hast die Welt betreten, ohne darauf vorbereitet zu sein. Fluchthelfer brachten Dich und die acht anderen entsprungenen Nonnen nach Wittenberg. Sieben der Jungfrauen konnten rasch verehelicht werden. Du warst die Sitzengebliebene, die den Freier abwies, den Luther Dir zugedacht. Da nannte er Dich ein hochmütig Ding. Ein Ding! Was man dem Nönnlein aus dem Sächsischen vorschlage, sei ihm zu gering, dem Ding. Ein hoffärtiges Gemüt hat Luther Dir nachgesagt – und dann selber um Deine Hand angehalten.

Von der Sitzengebliebenen, für die Martinus zunächst keine hitzige Liebe und Leidenschaft empfand, zur herzlieben Käthe, zur Kaiserin! Eine schöne, vollkommene Verpuppung, die sich in kürzester Zeit ereignet haben muß, denn Luther lobte die Ehe alsbald in den höchsten Tönen und wollte sein Lieb um nichts in der Welt mehr hergeben, sah er doch beim Erwachen ein Paar Zöpfe neben sich im Bette, die er nie vorher gesehn.

Du aber sahst Dich mitten in einem Skandal. Die Lästerer, denen Luther das Maul hatte stopfen wollen, rissen's umso weiter auf: sieh da, sieh da, der große Luther, hat sich von einer ehemaligen Nonne wie von einer Hübschlerin verführen lassen! Die hätte ihre Jungfrauenschaft, die köstliche Perle, besser bewahren sollen, wie sie es gelobt. Die Welt starrte auf Eure Hochzeit, und die Wittenberger starrten Dir auf den Leib, ob der sich nicht schon wölbe unter dem oft gemalten grünsamtenen Brautkleid, Dich als Hure und Luthern als Sündenbock entlarve.

Kamen Klatsch und Empörung Dir zu Ohren? Hat es Dir etwas ausgemacht, so ins Gerede gekommen zu sein? Auf dem Cranachbild siehst Du souverän aus, zu deutsch: unabhängig. Dieser Eindruck entsteht durch die Entschiedenheit der Linien, der schräggeschnittenen Augen, der steilaufsteigenden Brauen, der schmalen, schwungvollen Lippen, in Öl nachgezogen. Dieser Mund sagt: Ich bin genau da, wo ich hingehöre.

Über fast fünfhundert Jahre hinweg:
Deine Eva

Sten Nadolny
Ein Gespräch zwischen A. und A.

Im Intercityzug zwischen Hamburg und Hannover.

«Oh Entschuldigung!» sagte A. und zog den Ellbogen ein.

«Keine Ursache», antwortete A., «die Großraumwagen sind wirklich etwas eng...»

«Aber man sieht aus ihnen mehr», fand A.

«Ich kenne die Strecke», sagte A., «wollen Sie ans Fenster?»

Sie faßten sich zum erstenmal genauer ins Auge. A. erkannte einen blassen, dunkelblonden Mann von Mitte dreißig, mit leichtem Bauchansatz, Seidenkrawatte. A. fing das Bild eines Mannes mit spärlichem Haar und Bauchansatz auf, Alter um die vierzig, Baumwollkrawatte.

«Sehr freundlich, danke! Aber wirklich nicht nötig, hier ist mir die Gegend zu flach, und ich muß ja auch arbeiten.»

Er holte Papiere aus dem flachen Diplomatenkoffer. A.'s Schrägblick entzifferte auf der Akte des Nachbarn das Wort «Perspektiven». Jeder dachte: Ganz nett; ein bißchen langweilig.

Im Speisewagen war dann nur noch ein Zweiertisch unbesetzt. So kamen sie erneut zusammen.

«Wenn das Stationsschild nicht wäre, könnte es jeder beliebige europäische Bahnhof sein», meinte A. beim Halt in Hannover und betrachtete die Wartenden auf dem Bahnsteig. Menschen aus aller Herren Ländern, dunkle Gesichter, Kopftücher, japanische Gesichter. «Was sage ich – jeder Bahnhof der Welt!»

So begann das Gespräch über das Thema «Ausländer». «Erstens werden sie gebraucht», sagte A., «unsere Wirtschaft würde...»

«Völlig Ihrer Meinung! Und bitte unsere Renten nicht vergessen! Irgendwo müssen die Kinder herkommen, die später arbeiten und alles bezahlen sollen.» Den Wein gab es hier nur in unglaublich kleinen Flaschen. «Könnten wir noch zwei Rieslinge bekommen, bitte?»

«Dann das geistige Leben, die Anregung – man kann nicht immer nur mit der eigenen Sorte reden...» – A. hob das Glas – «Na, in diesem Sinne...» A. folgte ihm, machte aber plötzlich ein nachdenkliches Gesicht. «Es gibt natürlich Probleme. Die sind gewissermaßen der Preis...»

«Ja, zu viele dürfen es nicht werden!»

«Probleme?»

«Ausländer. Sehen Sie sich die berühmten ‹Schmelztiegel› an, die Einwanderungsländer in der ganzen Welt: Wo verschiedene Rassen friedlich zusammenleben, sagen wir, friedlich zu 95 Prozent, da gibt es immer auch einen gewissen Rassismus, sagen wir, 5 Prozent.

«Das ist der Preis. Und damit es nicht mehr als 5 Prozent werden, muß es eine Grenze geben. Ungebremst darf Einwanderung nicht sein.»

A. wurde eifrig. «Ich spreche nicht gern von ‹Rassen› – man erscheint dann schnell in einem falschen Licht. Aber es gibt Mentalitätsunterschiede, nicht? Und man muß auch mit den einfacheren Deutschen rechnen, die nicht alles verstehen. Nehmen wir die Türken: Sie sehen nicht nur anders aus, sie sind auch aus anderen Gründen und bei anderen Gelegenheiten zufrieden, begeistert oder – gekränkt!»

«Zum Beispiel bei Fragen, die Mann und Frau betreffen, ja. Dieser alles erdrückende Ehrbegriff. Und das hat noch nicht einmal mit dem Islam zu tun, die Griechen sind nämlich genauso.»

«Nun sollte man nicht pauschalisieren, es gibt ja...»

«In allen Nationalitäten...»

«Ausnahmen, richtig. Trotzdem sollte man auf etwas Völkerpsychologie nicht verzichten. Niemand sollte so naiv sein und sagen: ‹Die Menschen sind gleich›. Aber wir sind einfach verpflichtet, Tatsachen zu erkennen und zu respektieren. Ich jedenfalls fühle mich verpflichtet, möglichst viel zu wissen und mich nach dem zu richten, was ich weiß. Verstand ist eine Verpflichtung, darum kommen wir nicht herum», sagte A.

«Mir geht es genauso», beeilte A. sich zu versichern. Da auch er Verstand hatte, fühlte er dieselbe Verpflichtung.

«Was machen Sie beruflich, wenn ich fragen darf?» A. hatte gewußt, daß A. die Frage stellen würde. Und A. hatte gemerkt, daß sie A. auf der Zunge lag; er war ihm nur zuvorgekommen.

«Arzt», sagte A. «Chirurg, um genau zu sein. Sie?»

«Gewerkschaftler», antwortete A., «allerdings habe ich mit meiner Frau zusammen ein Antiquitätengeschäft…»

«Sie können Sie sich über Mangel an Arbeit sicher nicht beklagen.»

«Sie bestimmt auch nicht. Krankenhaus oder eigene Praxis?»

«Krankenhaus. Ich gehe in den Wagen zurück, kommen Sie mit?»

Auf ihren Plätzen schliefen beide ein. So klein waren die Weinflaschen nun auch wieder nicht gewesen. Und wie durch Zauber war das Gesprächsinteresse abgeflaut, sobald jeder den Beruf des anderen erfahren hatte. Es war, als hätten sie nur das Spiel gespielt: Wer sagt dem anderen zuerst den Beruf?

In Frankfurt stieg der Kunsthändler-Gewerkschaftler aus. Er gab dem Arzt seine Visitenkarte: «Wenn Sie mal nach Frankfurt kommen, rufen Sie an, wir trinken ein Bier zusammen.» Auch notorische Weintrinker pflegen sich in plötzlichen Fällen von Sympathie «auf ein Bier» zu verabreden, kein Mensch weiß, warum. «Bier» heißt eben mehr als Bier.

«Gern», antwortete A. und zog ebenfalls eine Visitenkarte, «Sie sollten dasselbe tun, wenn Sie in Karlsruhe sind.» A. las A.'s Karte.

Heinz Ahlmann. Büro: Telefon/Fax. Privat: Telefon/Fax.

Gleichzeitig las A. A.'s Karte. Dr. med. Ümit Arpacioğlu. Oberarzt Neurochirurgische Klinik Karlsruhe. Büro: Telefon/Fax. Privat: Telefon/Fax.

«Was denn, Sie ein Ausländer??»

«Es gibt hellhäutige, blonde Menschen in der Türkei», lächelte Herr Arpacioğlu, «sie heißen ‹Lazen›.»

Es folgte eine doppelt freundliche Verabschiedung. Dann stand Heinz Ahlmann im Gang und dachte heftig nach. Man kann nicht genug aufpassen, dachte er. Sieht aus wie ein Deutscher, spricht wie ein Deutscher, hat Ansichten wie ein Deutscher. Hoffentlich habe ich ihn nicht beleidigt, Ausländer sind so schrecklich sensibel. Und dabei immer höflich – du merkst kaum, wenn du sie verletzst! Das macht es ja so schwierig.

Er überlegte fieberhaft, was er im Laufe des Nachmittags gesagt hatte. War er womöglich ehrlich gewesen?

Man kann nicht genug aufpassen.

Hans-Martin Gauger
Der Thomaskantor

König Friedrich II. vor dem abendlichen Konzert, in dem
er selbst mitzuspielen pflegte. Schon hält er die Flöte in
der Hand. Da wird er durch seinen Adjutanten unter-
brochen. Friedrich hatte gehört, einige Tage zuvor, Johann Sebastian Bach komme nach Potsdam, und hatte
strikte Weisung gegeben, benachrichtigt zu werden –
unverzüglich. Nur einige Worte flüstert der Adjutant.
Der König legt die Flöte beiseite, blickt in die Runde und
sagt mit Bewegung: «Meine Herren, der alte Bach ist
gekommen.» Mehr braucht er nicht zu sagen, und sogleich läßt er ihn holen, noch im Reisekleid, damit er vor
ihm spiele, der alte Bach, denn der junge Bach, Philipp
Emanuel, ist ja schon lange an seinem Hof. So wird uns
die Szene geschildert, so ist sie *in* uns, ob es nun genau
so war oder nicht. Ein anrührendes Zusammentreffen:
«Manch einer mochte fühlen, daß zwei Könige im
Schlosse waren.» So steht es in dem schönen, nicht un-
bedenklichen Buch «Die kleine Chronik der Anna Magdalena Bach», von dem ich noch sprechen muß.
   Zwei Große, zwei große Deutsche. Was aber ist an
Bach eigentlich deutsch? Seine Musik ist es kaum, vor
allem nicht in ihrer Wirkung. Sie ist weniger deutsch als
die von Verdi italienisch oder die von Tschaikowskij russisch ist. Sie ist einfach große Musik. Hinzukommt ihre
merkwürdige Zugänglichkeit; sie ist merkwürdig, weil
diese Musik auch wieder so kunstvoll ist. Gerade bei der
Jugend zeigt sich dies. Es ist schon so, wie mir ein alter
Musiklehrer sagte: «Ja freilich, Bach kommt gut an bei
den Jungen – wegen der Motorik.» Und dann unterschei-
det sich seine Musik von der «Barockmusik», zu der sie
gehört, durch Wärme oder Innigkeit oder wie immer
man es nennen mag. Da ist mehr als Meisterschaft. Über

Vivaldi hat jemand gesagt, er habe zweihundertfünfzig-
mal dasselbe Konzert geschrieben. Niemand käme auf
einen solchen Gedanken bei Bach, im Blick etwa auf seine Kantaten. Also das Beseelte. Dann das Universelle,
gleichsam Neutrale oder Allgemeine oder «Objektive»,
das gewiß zur Musik überhaupt gehört, sich aber in seiner besonders rein und gewaltig zeigt.

Wer sich an Ingmar Bergmans Film «Das Schweigen»
erinnert, erinnert sich an die Einsamkeit, die Isoliertheit
jener jungen Frau in ganz fremdsprachiger Umgebung.
Und nun gibt es da doch eine Art Gespräch – aber die
beiden können ja nicht miteinander reden – zwischen der
Frau und einem alten freundlichen Kellner. Irgendwoher
erklingt Musik, und da verständigen sie sich – es ist
wirkliche Verständigung – durch diesen einen Namen,
den die Frau ausspricht und den der alte Kellner sogleich
wiederholt: «Johann Sebastian Bach» – es ist ein richtiger und vollständiger und in diesem Fall lösender Satz.
Trotzdem: Für uns Deutsche hat der Thomaskantor etwas sehr Deutsches. Früher, vom letzten Drittel des 19.
Jahrhunderts an, war dies gewiß noch lebendiger, und
bei den älteren Deutschen ist ihm sicher mehr von dieser Aura geblieben. Man redet, wenn es um Bach geht,
schlicht – und doch liegt darin auch Pathos – vom «Thomaskantor», weil Bach, nach anderen musikalischen
Ämtern anderswo, siebenundzwanzig Jahre hindurch
Kantor der Thomaskirche in Leipzig war. Während dieser
Zeit und oft im Zusammenhang mit diesem gewichtigen
und angesehenen Amt entstanden die meisten seiner
rund tausend Werke.

Es geht hier um die Aura, um das Bild, wie es lebt und
weiterlebt und als solches ja *auch* eine Wirklichkeit ist.
Es geht weniger um die Wirklichkeit, wie sie tatsächlich war. Zu dieser letzteren gehört zum Beispiel, daß die
«Matthäuspassion», die am Karfreitag 1729 in Leipzig

zum ersten Mal erklang, hundert Jahre lang vergessen war, bis Felix Mendelssohn sie wiederentdeckte und erneut aufführte, in Berlin. Es gibt von der ersten Leipziger Aufführung kein Echo. Großen Eindruck kann das gewaltige Werk also schwerlich gemacht haben. Überliefert ist nur der Kommentar einer Dame: «Behüte Gott, das ist ja die reinste Opera-Komödie!»

Der Kult um Bach als großen Deutschen hat sicher mit 1871, der Gründung des Deutschen Reiches und also mit dem Sieg über Frankreich etwas zu tun. Da verstand man diesen Sieg – worüber sich der junge Nietzsche (Erste Unzeitgemäße Betrachtung) sogleich erregte – als einen Sieg der deutschen Kultur über die französische. Luther, Bach und Schiller (Goethe blieb im Hintergrund) traten in solchem Zusammenhang als die großen nationalen Heroen hervor; Bismarck, der «eiserne Kanzler», gesellte sich bald hinzu.

Auch das «Dritte Reich» griff Bach in diesem Sinne auf. Es gab den großen Reichs-Bachtag von 1935 – eine wunderliche und schockierende Wortzusammensetzung. Und natürlich nahm sich auch das andere, das «gute» Deutschland, die DDR, der «Pflege» Bachs als eines ganz großen Bestandteils des «nationalen Erbes» an (Pflege ist ja eigentlich das deutsche Wort für Kult): Es gab 1950 die «Deutsche Bachfeier» in Leipzig und einen sehr bemerkenswerten Film. Aber auch in der alten Bundesrepublik war ein solches Bild von Bach lebendig.

Bach erscheint den Deutschen nicht nur als Deutscher, sondern als besonders deutscher Deutscher, während er draußen so überhaupt nicht erfahren wird. Da ist er einfach einer der größten Musiker, die es gab.

Als deutsch erschien den Deutschen bereits das Äußere. Es gibt leider von Bach – auch dies gehört zu seiner wirklichen Wirklichkeit – kein gutes, authentisch sprechendes Porträt, Er war massig, bieder, unelegant, kein gebrochener Ästhet, urgesund, doch auch zart, auch humorvoll – die «Kaffeekantate» zeigt es –, ein aufrechter Mann, unbeugsam, streitbar, ganz seiner Sache hingegeben: der Musik. Dann seine außerordentliche und durchgehende handwerkliche Solidität: So etwas können Deutsche nur deutsch finden.

Etwas anderes, Wichtigeres kam hinzu: Bach erschien den deutschen Protestanten, den Evangelischen, als eine machtvolle Wiederverkörperung Martin Luthers, mit dem man all jene Adjektive ebenfalls verbindet. Bach war für viele einfach der Reformator als Musiker. Er wiederholte den Reformator, indem er ihn musikalisch illustrierte – im doppelten Sinn dieses Worts: Er setzte die Reformation in Musik, erhob und adelte sie; und er machte die Reformation – dies ist der nächste Schritt – zu einem ästhetischen Phänomen. Bach als ästhetischer Reformationsbeweis sozusagen. Und die Reformation war (und ist) für den gebildeten Deutschen nur – oder fast nur – Luther; Calvin zum Beispiel, der schmächtige Genfer aus der Pikardie, der im Weltmaßstab ja wohl stärker wirkte, wird von den Deutschen gern übersehen.

Übrigens galt Bach auch den katholischen Deutschen als protestantisch: «Das mächtigste schöpferische Genie des deutschen Protestantismus» heißt es in dem katholisch inspirierten Lexikon «Der neue Herder» von 1949. und als die «Matthäuspassion», noch im Krieg, 1944, erstmals im katholischen Freiburger Münster aufgeführt wurde, erschien dies als etwas Ungeheuerliches, eine Sensation. Die «Pflege» Bachs spiegelt auch die konfessionelle Zweiteilung Deutschlands. Der konfessionelle Unterschied hat in den letzten Jahrzehnten an Virulenz stark verloren, und eben in dem Maße wurde dann auch der christliche Bach, der christlich theologische Teil seines Werks, in Deutschland als allgemein christlich, nicht mehr speziell protestantisch empfunden.

Der Thomaskantor ist ein christlicher – übrigens theologisch sehr gebildeter – Musiker. Am 30. April 1870 schrieb Nietzsche aus Basel an seinen Freund Erwin Rohde: «In dieser Woche habe ich dreimal die Matthäuspassion des göttlichen Bach gehört, jedesmal mit demselben Gefühl der unermeßlichen Verwunderung. Wer das Christentum völlig verlernt hat, der hört es hier wirklich wie ein Evangelium. Es ist dies die Musik der Verneinung des Willens ohne die Erinnerung an die Askesis.» Dies ist jedenfalls im ersten Teil einfach zutreffend, schon weil sich Bachs Musik mit christlichen Worten und vor allem ja mit dem Evangelium selbst, dem Matthäus-Text, verbindet.

Doch ist es andererseits ohne Zweifel so, daß diese Musik auch rein als Musik anzusprechen vermag. Sie emanzipiert sich von ihren Texten und ihrem Antrieb, dem «soli Deo gloria», «Gott allein die Ehre», das Bach an das Ende vieler seiner Kompositionen setzte. Dergleichen meinte gewiß Igor Strawinsky, als er auf die Frage, was für ihn das bedeutendste Werk der Musik sei, ohne zu zögern antwortete: «Die Kantaten von Bach.» Da meinte er sicher nicht das Christliche in dieser Musik, sondern diese Musik selbst. Es ist die schiere professionelle Bewunderung.

Zum Bild Bachs, insbesondere zum deutschen Bild von ihm, gehört auch die Familie, gehören vor allem die bedeutenden Söhne: Der genialische Friedemann, über den es einen vormals vielgelesenen Roman gibt (von A. E. Brachvogel) und einen Helden-Film mit dem großen, wenngleich hier nicht ganz überzeugenden Gustaf Gründgens (überaus eindrucksvoll dagegen Eugen Klöpfer als «alter Bach»); der Film entstand 1941, mitten im Grauen des Kriegs, und war da gewiß national aufbauend gemeint. Dann Philipp Emanuel, keineswegs unbedeutend und bloß epigonal. Schließlich Johann Christian, der sogenannte Mailänder oder auch Londoner Bach, der einzige, neben Haydn, den Mozart unter den Zeitgenossen respektierte: er lernte von ihm. Dieser Bach übrigens gab das Luthertum auf. Mein Herder-Lexikon verfehlt nicht, es anzumerken. «Wegbereiter Mozarts, wurde katholisch» – das ist alles, was hier über ihn gesagt wird.

Ein vielgelesenes Buch, das die Deutschen in ihrem deutschen Bild von Bach bestärkte, ist die genannte «Kleine Chronik der Anna Magdalena Bach». Es ist eine – natürlich fiktive – Schilderung seines Lebens und Werks durch seine Witwe, seine zweite Frau. Das Buch erschien 1931 ohne den Namen eines Verfassers. Dieses so deutsch wirkende Buch ist aber eine Übersetzung aus dem Englischen und stammt von einer Frau, einer Britin namens Esther Meynell.

Noch etwas. Im Baseler Arbeitszimmer des protestantischen Theologen Karl Barth hingen zwei nicht leicht vereinbare Porträts: das von Calvin und das von Mozart. Von Barth, der in seiner «Kirchlichen Dogmatik», wo man dies kaum erwartet, auch über Mozart einige sehr schöne Seiten geschrieben hat, gibt es ein Wort, das eine witzige Huldigung an beide, an Bach und an Mozart, ist. Üblicherweise, meinte Barth, spielten die Engel im Himmel Mozart. «Bach spielen sie nur bei feierlichen Anlässen.» Aber vielleicht täuscht sich Barth: Vielleicht spielen die Engel den Thomaskantor auch einfach so – aus reiner Freude; die jüngeren Engel jedenfalls – wegen seiner innigen und heiteren Motorik.

Egon Schwarz
Beobachtungen eines jüdischen Emigranten

Amerikanisierung

Ich hatte den alten Kontinent und meine österreichische
Heimat beinahe vergessen, und hätte ich nicht eine
nicht-jüdische Deutsche geheiratet, dann wäre mir der
Gedanke, auch nur als Besucher zurückzukehren, vermutlich garnicht gekommen. Aber meine junge Frau er-
öffnete mir eines Tages, sie wolle Mutter und Bruder
wiedersehen. Und so kam es, daß ich nach siebzehn-
jähriger Abwesenheit von Europa an der Reling eines
Schiffes stand, das langsam in Bremerhaven einfuhr.
Bald danach betrat ich zum ersten Mal deutschen Boden.
  Meine kleine Tochter hatte an Bord die Schnalle ihres
Schühchens verloren, wir machten uns also in Bremen
auf die Suche nach einem Schuhladen. Wir gingen durch
die engen Gassen der Innenstadt und sahen uns plötzlich
dem Firmenschild eines «Schäftemachers» gegenüber.
Wäre darauf nicht ein Stiefel abgebildet gewesen, so hätte ich nicht gewußt, um was für ein Geschäft es sich
handelte. Wir öffneten die Tür, ein Glöckchen bimmelte,
wir traten in das Halbdunkel und befanden uns – in einem anderen Jahrhundert, in der Welt des Hans Sachs.
Aus einer Hinterstube trat eine hochgewachsene blonde
Frau in schlichten Gewändern, ihre Haare waren glatt
gescheitelt und an den Seiten in zwei «Schnecken» ge-
flochten, die die Ohren bedeckten. Als sie unser Anliegen hörte, erklärte sie, wir müßten auf den Meister warten, bat uns Platz zu nehmen, und verschwand wieder
im Inneren. Wir waren allein, eingehüllt von einer tiefen
Stille, man hätte meinen können, die Zeit stehe still,
wenn nicht eine Kuckucksuhr regelmäßig getickt hätte.
Schließlich kam der Schuhmacher, zog eine passende

Schnalle aus einer Lade, nähte sie an, wir mußten ein paar Pfennige bezahlen und waren entlassen.

In den folgenden Wochen sahen wir in manchen Städten Schutt- und Trümmerhaufen, die an den Krieg gemahnten, überall arbeiteten Kräne, es wurde gebaut, der Verkehr verstopfte die Straßen. Aber wir hatten einen Blick in das legendäre alte Bürgerdeutschland geworfen. Es gibt ein paar Kleinstädte, die unversehrt geblieben sind. Wegen ihrer großen Seltenheit sind sie Touristenattraktionen geworden, mit jährlich Tausenden Besuchern pro Fachwerkhaus. Es gibt noch kleine Läden und alte Kirchen, aber das Moderne überwiegt, Großläden, Sporthallen, Supermärkte, Kaufhäuser. Kaum irgendetwas erinnert mehr an die entsetzliche Zerstörungen, es sei denn die häßliche Architektur der wiederaufgebauten Städte.

Eine Zeitlang nahmen wir noch reparaturbedürftige Gegenstände von Amerika nach Deutschland mit, Akten- und Schultaschen, Polster, Bettdecken, Uhren etc. und fanden jedesmal auch einen Handwerker, der den Schaden behob. Eines Tages aber, als wir in einem einschlägigen Laden nachfragten, ob unser lecker Teekessel gelötet werden könne, bekamen wir zur Antwort, das lohne sich nicht, wir sollten ihn wegschmeißen und einen neuen kaufen, das sei billiger. Da wußten wir, daß die Amerikanisierung Deutschlands vollzogen war.

Germanistik

Im Zeitalter des ansteigenden Nationalismus geboren, stand die deutsche Literaturwissenschaft – mit allen ihren großen Errungenschaften – im Dienst einer einseitigen Idee, eines der Unvoreingenommenheit abträglichen Wirkens *ad maiorem gloriam patriae*. Im späteren Kaiserreich nahm sie geradezu völkische Töne an.

Während der kurzen Weimarer Republik begannen sich zaghaft andere Ziele herauszubilden, die aber 1933 mit einem Schlag ausgemerzt wurden. Nach der Entfernung der wenigen jüdischen, sozialistischen und sonstigen dem Regime mißliebigen Fachvertreter blieb kaum noch anderes als der schrille Chor der völkischen oder opportunistischen Chauvinisten vernehmbar. Anfällig wie sie war, hat sich die Germanistik im tausendjährigen Reich nicht mit Ruhm bedeckt.

Die Probleme der Nachkriegszeit erhielten ihre Nahrung zum Teil aus dieser Vorgeschichte. Zunächst bestand der Skandal darin, daß die wichtigsten Positionen von kompromittierten Akademikern besetzt waren. Als Gegenschlag gegen die vorangegangenen Paroxysmen setzte aber eine Umgestaltung ein. Die Studentenrevolte hat das geistige Klima Deutschlands profund beeinflußt. Ob die damaligen Umwandlungen der Universitäten zweckmäßig waren, wird heute von vielen einsichtigen Leuten bezweifelt. Der Germanistik sind sie jedoch gut bekommen. Der Kanon wurde erweitert, der Abstand zwischen einer weihevollen hohen Dichtung und gewöhnlicher Literatur verringerte sich, die Werke der mit dem Dritten Reich zerworfenen Autoren bildeten eine eigene Studienrichtung, Leben und Werk der ins Exil getriebenen Schriftsteller wurde zu einem Hauptkapitel der deutschen Literaturgeschichte, an dessen Erforschung die halbe Zunft beteiligt war. Das gleiche gilt von dem Versuch, die kritische Tradition der demokratischen Linken und den Beitrag der jüdischen Intellektuellen zurückgewinnen, ganze verfemte Strömungen wie die der Aufklärung, des Expressionismus, der Psychoanalyse entwickelten eine besondere Ausstrahlungskraft. Man begann sich mit Opernlibretti, Filmen und Trivialliteratur zu beschäftigen, Gegenständen, auf denen einst ein Tabu gelegen hatte, dessen Nichtbeachtung die Verfemung der betreffenden Ikonoklasten durch die Profession zur Folge gehabt hätte. Medienuntersuchungen, feministische und homoerotische Gesichtspunkte gehören heute zu den Selbstverständlichkeiten des Faches.

Nachdem sich diese Liberalisierung eingebürgert hatte und viele Institute sich nicht mehr als germanistische, sondern allgemeiner als literaturwissenschaftliche Seminare verstanden, setzte eine Bewegung ein, die neue Probleme mit sich brachte. Der Zugang zu den Hochschulen wurde erleichtert und eine Reihe neuer Universitäten gegründet. In manchen Fächern wurde ein Numerus Clausus eingeführt, und obwohl das Studium der Germanistik an Prestige und Berufsaussichten verlor, strömten immer größere Mengen von Studenten in die deutschen Seminare. Heute stehen einem verhältnismäßig schmalen Lehrkörper unübersehbare Massen von Studierenden gegenüber, von denen die wenigsten wissen, warum sie da sind, noch was sie nach dem Abschluß der Studien mit sich anfangen sollen.

Eine normale Nation?

Am Ende des Krieges waren Deutschland alte Gebiete im Osten verloren gegangen, z. B. Ostpreußen, das Geburtsland Kants, Hamanns, Herders, E. T. A. Hoffmanns; der Rest war zweigeteilt. Diese Hälften wurden sofort in die Spannungen zwischen den Großmächten hineingezogen und zu einander feindlichen Staaten gemacht. Zur DDR hatte ich keine Beziehungen; ich erfuhr nur die inhumanen Schikanen, denen man an ihren Grenzen ausgesetzt war, wenn man nach Berlin oder von dort zurückwollte, und die mir jede Lust nahmen, das Land kennenzulernen. Im westlichen Teil nahm die Wirtschaft dank einer aufgeklärten Politik der Siegermächte einen enormen Aufstieg. Aber die politische Umerziehung, von den Amerikanern dem Kalten Krieg zuliebe halbherzig und töricht angefaßt, war ein Fehlschlag. Alte Nazis blieben an den höchsten Stellen im öffentlichen Leben tätig. Statt einer Säuberung und Ernüchterung fand eine Restauration statt.

Es bedurfte einer neuen Generation, der 68er, um die sogenannte «Vergangenheitsbewältigung» im Ernst zu betreiben. In dieser Rebellion, die zeitlich mit dem Vietnam-Krieg zusammenfiel und daher gleichzeitig mit der amerikanischen Vormundschaft abrechnete, sind auf beiden Seiten, der der Studenten und der der staatserhaltenden Mächte, Exzesse begangen worden, aber im großen und ganzen wirkte sie doch wie ein befreiendes Gewitter. Die Bundesrepublik ist daraus als liberaleres Gebilde hervorgegangen, zumindest im Lebensstil. Freilich waren die alten Kräfte deswegen noch lange nicht erledigt, sondern meldeten sich in neuer Verkleidung zu Wort. Im sogenannten «Historikerstreit» ertönten wieder Stimmen, die einen neuen Nationalismus predigten, den Deutschen ein gutes Gewissen über ihre Vergangenheit einreden wollten, die Vertreibung und Vernichtung der Juden nicht gerade entschuldigten, aber doch zu relativieren suchten, indem sie sie als Reaktion auf die sowjetischen Greueltaten hinstellten, kurz, die Rückkehr Deutschlands in den Status einer «normalen Nation» forderten. Man kann aber sagen, daß im Historikerstreit die «liberalen» Kräfte noch einmal die Oberhand behalten haben.

Und dann kam der Zusammenbruch des sowjetischen Systems. Die Möglichkeit einer Vereinigung der beiden deutschen Staaten zeichnete sich ab. Fast alle Menschen begrüßten den Fall des repressiven ostdeutschen Regimes und der Mauer, die die DDR in ein riesiges Gefängnis verwandelt hatte. Aber seit sich die großen Schwierigkeiten des Zusammenwachsens zeigen, mehrt sich die Zahl derjenigen, die sich fragen, ob eine «österreichische» Lösung, d. h. ein eigenständiger demokratischer Staat statt der ehemaligen DDR, nicht vorzuziehen gewesen wäre. Es erhebt sich das Gespenst eines neuen radikalen Nationalismus, einer Ersatzreligion, die schlimmer wäre als die alten Religionen zusammen. Niemand kann voraussagen, wie sich ein so starkes Staatsgebilde mitten in Europa in fünfzig, ja in zwanzig Jahren verhalten wird. Die Vereinigung war nicht aufzuhalten. Sie vollzog sich explosiv mit zunächst noch unübersichtlichen Folgen. Es läßt sich nicht leugnen, daß die sofortige Prosperität, die sich die Ostdeutschen gewünscht hatten, nicht eingetreten ist, daß die Abwanderung in den Westen, die die verantwortlichen Politiker verhindern wollten, nicht aufgehört und daß das Mißtrauen zwischen Ost und West sich nur vertieft hat. Einstweilen verhalten sich die Bevölkerungen der beiden Staaten, die es nun nicht mehr gibt, wie Wasser und Öl. Man schüttelt sie tüchtig, damit sie sich mischen, aber sie widersetzen sich und trennen sich immer wieder.

Höchst bedenklich ist das Aufflackern des Fremdenhasses und der Aufschwung des Terrorismus. Und wie verhält sich die politische Klasse gegenüber den Rechtsradikalen? Von außen gesehen durch Nachgeben. Statt diese zur Rechenschaft zu ziehen, werden die Opfer abgeschoben. Fremde werden unter der Zustimmung der Zuschauer angegriffen und von der Polizei nicht geschützt. Ausländer werden immer wieder umgebracht, ihre Wohnungen angezündet. Vielleicht war es notwendig, den Zustrom von Zuzüglern, der das in anderen europäischen Ländern geduldete Maß um ein Vielfaches übertraf, zu drosseln. Aber es wäre besser gewesen, wenn es auf dem Verwaltungsweg ohne die peinlichen öffentlichen Debatten und die Verschärfung der Asylbestimmungen hätte geschehen können, die vom Ausland gesehen wie ein Zurückweichen vor dem Zorn der aufmüpfigen Rechten anmuteten.

Es gibt aber auch starke Gegenkräfte in der deutschen Bevölkerung. Hunderttausende Menschen sind in allen großen Städten auf die Straßen gegangen, um gegen die von irregeleiteten Jugendlichen verübten Untaten zu protestieren. Ein Transparent, das zu sehen war, ist besonders aufschlußreich für die Stimmung unter den Demonstranten: «Liebe Türken, laßt uns nicht allein mit diesen Deutschen!»

Fremdenhaß und Rechtsdrall sind nicht auf Deutschland beschränkt, sie sind in einem von Arbeitslosigkeit und Zukunftsangst geplagten Europa endemisch. Freilich sind das Gejammer und die Gehässigkeit in einem immer noch wohlhabenden Kontinent ein Affront gegen die leidenden Menschen in den meisten Teilen der Welt. Dennoch ist das spontane Eintreten der deutschen Bevölkerung für Menschenrechte ein Lichtblick in dieser düsteren Landschaft, der Hoffnung auf die Zukunft macht. Was aber die Gegenwart betrifft, so kann man sagen, daß für den Fremden ein Besuch in Deutschland angenehmer sein dürfte, solange es eben noch keine ganz «normale Nation» ist.

Walter Jens
Auf dem Friedhof in Tübingen

Tübingen, ein Tag im Januar 1962; noch herrscht der
kalte Krieg, von Tauwetter ist wenig zu spüren. In Tübingen freilich, einer weltläufigen Provinzstadt im
Schwäbischen, deren gelehrte Söhne schon im acht-
zehnten Jahrhundert gern ihre Polis verließen, um in
St. Petersburg akademische Würden zu gewinnen – in
Tübingen gehen die Uhren anders. Ein russischer Dichter wird erwartet, der Lyriker Jewgenij Jewtuschenko –
und in der Universität spielen sich Szenen ab, wie sie's
davor (und auch danach) niemals gegeben hat. Der Fest-
saal, im allgemeinen nur für Konzerte oder akademische
Festivitäten bestimmt, ist schon eine Stunde vor Le-
sungsbeginn überfüllt, bald darauf auch das Auditori-
um Maximum, später der Hörsaal 9. Leitungen müssen
überprüft, Verwaltungsvorschriften geändert, Sonder-
genehmigungen erteilt werden – gottlob, daß ein ebenso
souveräner wie liberaler Mann, der Politologe Theodor
Eschenburg, als Magnifizenz die Funktion des Haus-
herrn hat, an diesem Abend, der mit *standing ovations*
endet: Jewtuschenko geht am Schluß von Raum zu
Raum, liest ein Gedicht, das übersetzt wird, aber erstaunlich viele Hörer verstehen Russisch, Absolventen
von DDR-Gymnasien offensichtlich, beklatschen jede
Pointe – ein Wirbel von Hörsaal zu Hörsaal!
    Am Morgen darauf wird der Poet aus der Sowjetunion,
der berühmte Sänger, der weit vor der Zeit mit seinen
Gedichten, Babi Jar allen voran, Perestroika leistete,
durchs Tübinger Stift geführt: «Hier hat Schelling gear-
beitet», «hier ist Hegel, ‹der Alte›, wie man ihn nannte,
zum Kampf gegen die Stadtburschen angetreten, die er,
so ein Zeugnis der Zeit, mit dem Tode bedrohte›», und
«hier wurde der Studiosus Hölderlin» – Jewtuschenko,

der ein bißchen ins Dösen geraten war, merkt plötzlich auf – «wurde der Studiosus Hölderlin, seinen Leistungen entsprechend, *loziert.*»

Hölderlin, der Name ist gefallen – von nun an will Jewgenij Jewtuschenko nichts mehr von Hegel wissen. «Hört doch endlich auf mit Karl Marx!» Schelling bedeutet ihm ohnehin nichts. Aber Hölderlin, das ist sein Mann, der gehört zu Pasternak und der russischen Avantgarde; Hölderlin, das ist Mythos und Realität: Wo sein Haus sei und wo, vor allem, sein Grab? Wir gehen, in kleinem Gefolge, über den Friedhof, auf dem Ludwig und Emilie Uhland die Vorbeigehenden grüßen. Blumen werden niedergelegt, zu Füßen der Stele; die Inschrift «Dem Andenken seines theuren Bruders», ein wenig vermoost schon, ist zu entziffern; Verse wollen übersetzt werden:

> Im heiligsten der Stürme falle
> zusammen meine Kerkerwand
> und herrlicher und freier walle
> mein Geist ins unbekannte Land.

Jewtuschenko schweigt und verneigt sich. Sein Gesicht zeigt: Hier bin ich zuhause. Was zählen die Jubelstürme am Abend, was Hegel und Schelling und Kepler *e tutti quanti.* Jewgenij Jewtuschenko, der gewohnt ist, vor Tausenden von Menschen auf riesigen Plätzen zu sprechen («Wissen Sie nicht, daß solche Auftritte in Moskau und in Leningrad seit den Tagen der Meister eine Selbstverständlichkeit sind? Poesie gehört auf den Markt, das Volk braucht die Verse der Dichter»), Jewtuschenko ist um Hölderlins willen nach Deutschland gekommen.

Mehr als ein Vierteljahrhundert später, am 8. Mai 1988, haben wir, wiederum auf dem Tübinger Friedhof, unseren Gästen Tschingis Aitmatov, Robert Jungk, Christa und Gerhard Wolf von Jewtuschenko erzählt, an einem hellen Vormittag, als Inge Jens die Geschichte des Gottesackers lebendig machte: Die Toten waren Gelehrte, Sänger, Dichter, Politiker, Bürger, mitten unter uns – da, Friedrich Silcher! Da, Carlo Schmid!

Hölderlins Grab war, wie immer, mit Blumen geschmückt: ein *locus amoenus*, vor dem wir lange verweilten, der aber diesmal nicht unseren Rundgang bestimmte. Ziel war vielmehr ein winziges Loch im Rasen, in das der Universitätsgärtner Bialas, ein couragierter und sehr sanfter Rebell, die Friedenslinde pflanzte – und dann nahmen alle die Schaufel, nacheinander, verwandelten das Beerdigungs-Ritual in eine Friedens-Feier auf Hölderlins Weise: Jetzt sind Sie an der Reihe, Aitmatov, jetzt Sie, Christa Wolf – drei Schäufelchen Erde, dem Leben zunutze, so soll es sein, voll Hoffnung und im Gedenken an jene Ermordeten, Russen und Deutsche, Christen und Juden, Vergaste und Erschlagene, die in Lagern und Anstalten, irgendwo im Schwäbischen, im Unterland und auf der Alb, niedergemacht worden sind. Viele von ihnen wurden nach ihrem Tod in der Anatomie der Universität Tübingen mit Pedanterie und Zynismus seziert. Eine Tafel, die – ach, so spät! nahe bei der Friedenslinde aufgestellt wurde, erinnert an sie: «Verschleppt, geknechtet, geschunden, Opfer der Willkür oder verblendeten Rechts, fanden Menschen Ruhe erst hier. Von ihren Leibern noch forderte Nutzen eine Wissenschaft, die Recht und Würde des Menschen nicht achtete. Mahnung sei dieser Stein den Lebenden.»

An einem Sommertag des Jahres 1990 wurde die Tafel geweiht; Professoren, Geistliche, Gewerkschafter gaben Menschen die Ehre, deren Leber, Hoden und Nieren wichtig gewesen sind in den Jahren des Genozids – zu welchen Namen sie gehörten, war ohne Belang. Jedes

Mal, wenn ich über den Friedhof gehe, suche ich mir einige einzuprägen und mir vorzustellen, wie sie ausgesehen haben, die Kinder, Männer, Frauen, alte Leute, die die Namen trugen: Woran haben sie gedacht in der Stunde des Todes, zu welchem Gott gebetet, worauf gehofft, um wen geweint?

Jewgenij Jewtuschenko und Fritz Hölderlin; Tschingis Aitmatov und die Schäufelchen Erde, aufeinandergehäuft im Zeichen des Friedens, und die Unbekannten, deren Leiden und Träume bewahrt werden wollen. Auf einem Friedhof in der schwäbischen Provinz wird, dank einiger winziger Signale aus Stein, Holz und Gras, die sinnfällig zwischen Gestern und Morgen vermitteln, deutsche Geschichte aufgehoben: Der tote Dichter und die Blumen aus Russland, die Friedenslinde – nie mehr Krieg –, Christa, Robert und Tschingis, und jene Namen aus verstaubten Akten, die, aneinandergereiht, Hölderlins Satz akzentuieren:

Falle zusammen meine Kerkerwand!

Georg Himmelheber
Biedermeier

Mit dem Begriff Biedermeier wird nicht nur ein literarisches und künstlerisches Phänomen der Jahre zwischen 1815 und 1835 erfaßt, sondern weit darüber hinausgehend eine Lebens- und Geisteswelt, die Geselligkeit und Unterhaltung, Wohnkultur und Mode, Naturgefühl und Bürgersinn bestimmte. Diese klar umrissene Erscheinung war im wesentlichen beschränkt auf die Länder deutscher Sprache. Als Bezeichnung für Epoche und Stil war das Wort Biedermeier ursprünglich abwertend gemeint: Die Enkel bedienten sich des Namens einer Witzblattfigur, um eine Welt zu verspotten, die ihnen – berauscht vom Glauben an den Fortschritt, wie sie waren – in ihrer Friedlichkeit kleinmütig, eng und spießbürgerlich erschien.

Sie war alles Andere!

Die Epoche beginnt mit einem weltgeschichtlichen Ereignis, mit dem endgültigen Sieg von 1815 über Napoleon, mit dessen Verbannung und mit der vom Wiener Kongreß versuchten Neuordnung Europas. Nach einem Jahrzehnt Krieg und Okkupation herrschte Armut und Not in den 38 deutschen Ländern, die sich im «Deutschen Bund» zusammenschlossen. Gerade diese Not führte aber die Bürger, die sich als Sieger in dem glücklich beendeten Freiheitskampf fühlen durften – als Sieger auch über die Vorrechte des Adels –, zu einem neuen, das ganze Lebensgefühl durchdringenden Aufbruch. Das Kriegsende schien alle vorher unterdrückten und brachliegenden Energien entbunden zu haben. So folgte auf die Armut erstaunlich rasch ein gewisser Wohlstand, dank des Fleißes der Bürger, aber auch dank neuer Bauaufgaben nach der langen Zeit erzwungenen Stillstands.

Bürgerlich freiheitlich gesonnen war jene Zeit, waren

die Wissenschaften und die Künste. Ein neues quellen-
kritisches Geschichtsbild zeigten die Historiker auf; für
ein neues einheitliches Recht kämpften die Juristen;
Naturforscher und Ärzte trafen sich erstmals zu wissenschaftlichen Kongressen; Dichter wie Ludwig Uhland
wandten sich der Politik zu. Der freie, vernünftige Geist
durfte blühen, wie der Philosoph Georg Wilhelm Friedrich Hegel bei seiner Antrittsrede 1816 in Heidelberg
verkündete.

Das Ende der napoleonischen Ära war auch das Ende
des ganz Europa beherrschenden napoleonischen Empirestils. Nun wurde England das große Vorbild. Von dort
kamen die technischen Innovationen, von dort kamen
aber auch wichtige Impulse für die Kunst und das Kunst-
gewerbe.

In der Architektur werden die Formen überschaubarer,
einfacher. Würdig, maßvoll und ausgeglichen sind die
jetzt entstehenden Bauten in ihrem klaren Umriß, ihrer
fast graphischen Wandgliederung, wobei die klassizistischen Bauelemente auf das Notwendigste reduziert werden. In der Malerei sucht man sich neue Themen. Es ist
nicht mehr die Mythologie, nicht mehr die komponierte
«heroische» Landschaft, sondern es ist das Naheliegen-
de, das jetzt darstellenswert wird: die eigene Umgebung
in Stadt und Land, aber auch im eigenen Heim. Das Porträt ist ohne Anspruch, es dient der Erinnerung. Die Liebe zum Objekt, das in ein sachliches Licht getaucht ist,
bewirkt Vertrautheit der Erscheinung, ohne Regie, ohne Dramatik. Repräsentation und Prachtentfaltung des
Empirestils werden durch schlichte Würde und strikte
Ehrlichkeit ersetzt, Prächtigkeit durch Gediegenheit. Es
sind die Bürger, die den Stil des Biedermeier entwickeln,
der diese Zeit so grundlegend formt, daß sich ihm auch
die Fürsten in Einrichtung und Kleidung wie selbstverständlich anpassen: sie geben sich bürgerlich.

Des Berliner Architekten Karl Friedrich Schinkel wichtigste Werke entstehen in diesen Jahren ebenso wie diejenigen des Bildhauers Christian Daniel Rauch. Caspar David Friedrich malt in Dresden neben Friedrich Kersting, Wilhelm von Kobell und Ferdinand Georg Waldmüller in München und Wien. Noch wirkt Goethe; der «West-östliche Diwan» und «Wilhelm Meisters Wanderjahre» erscheinen in diesen Jahren. Beethovens Spätwerk entsteht gleichzeitig mit der Musik Franz Schuberts, der wie kein anderer zum musikalischen Repräsentanten der Epoche wird. Es ist die Musik überhaupt, die das Lebensgefühl durchwirkt. Die Berliner Singakademie von Goethes Freund Carl Friedrich Zelter, die überall gegründeten Liedertafeln und Gesangvereine, die in vielen bürgerlichen Wohnungen gepflegte Hausmusik schaffen ein kundiges Publikum für Konzerte und die entstehenden Musikfeste. Über den Spielplan der Oper entscheidet nicht mehr der Hof, sondern – durch lebhaft geäußerte Anerkennung oder Ablehnung – die Masse der Bürger. Zur erfolgreichsten Oper der Biedermeierzeit wurde Karl Maria von Webers «Freischütz». Sie traf – auch wegen ihres Sujets – so genau Geist und Empfindung der Zeit, daß jedermann ihre Melodien sang, spielte oder pfiff – übrigens auch jenseits der Grenzen.

Den deutschen Fürsten, die sich dem Geschmack des Biedermeier so willig anpaßten, war sein Geist – ein Geist der Reformen – alsbald suspekt. Verfassungen, gerade erst den Völkern gegeben oder doch versprochen, wurden außer Kraft gesetzt oder umgangen. Post, Presse und die gesamte Buchproduktion mußten sich eine totale Zensur gefallen lassen. Die jüngst gegründeten Bildungsvereine der Handwerker und die Vereinigungen der Studenten wurden verboten. Die Bürokratie wurde allmächtig; mit Polizeigewalt, Kerker und Festung wurde gegen alle neuen Bestrebungen vorgegangen. Georg

Büchner und viele der Besten mußten fliehen, auch Heinrich Heine verließ das Vaterland.

Um 1830/35 war alles Aufbegehren erstickt. Friedrich Schlegel beklagt den «bleiernen Todesschlaf», der sich auf Deutschland gesenkt habe. Das Biedermeier als eine das ganze Leben gestaltende und inspirierende Kraft war zuende.

Auch der Kunststil Biedermeier, die letzte eigenständige Phase des Klassizismus, ist um 1830/35 zu Ende gegangen. Die Herrschaft übernahm jetzt endgültig der Historismus, der sich seine Vorbilder in allen Stilen der Vergangenheit und bei allen Völkern der Erde suchte.

Es war nicht nur die politische Restauration, die der kurzen verheißungsvollen Spanne des Biedermeier das Ende bereitete. Die Wende kam, noch viel nachhaltiger, indem das industrielle Zeitalter mit seinen Maschinen in eine fast noch mittelalterlich arbeitende Handwerkerwelt einbrach – mit unabsehbaren sozialen Folgen. Vor allem hat die Eisenbahn – die erste deutsche Strecke, Nürnberg-Fürth, wurde 1835 befahren – die Welt grundlegend verändert. Eine nun ungleich größere Mobilität schuf Unruhe und Flüchtigkeit und den Reiz der raschen Veränderung, während man bisher in der heimatlichen Stadt wie im eigenen Heim sein bescheidenes Genügen gefunden hatte.

Für die Kunst waren die zwanzig Jahre zwischen 1815 und 1835 eine Zeit reicher Entfaltung. Aber nicht nur künstlerisch fesselt uns das Biedermeier. In seiner Klarheit, Helle und Bescheidenheit, in seiner «rigorosen Schlichtheit» (um ein Wort Theodor Fontanes zu gebrauchen) spricht sich eine selbstbewußte bürgerliche Gesinnung aus, die bis heute nichts von ihrer Anziehungskraft verloren hat, ja, die in mancher Hinsicht Vorbild und Ansporn sein könnte.

Herbert Rosendorfer
Ein Meergott

Sigurd von Ilsemann war der Treuesten einer. (Ich bitte die Formulierung zu beachten, die bereits auf das Folgende abzielt. So geschwollen redete Er arg gern: «der Treuesten einer».) Herr von Ilsemann war jung und zukunftsfroh und außerdem Leutnant, kann auch sein Oberleutnant, im deutschen Heer («... schimmernde Wehr...», wie Er zu sagen pflegte) und hatte das Pech, am 9. November 1918 zum Dienst beim Obersten Kriegsherrn, also in dessen unmittelbarer Suite, kommandiert zu werden. Wie man weiß, erfolgte genau an dem Tag das, was Er dann gern als «Dolchstoß in den Rücken» jener schon seit einiger Zeit nicht mehr so hell schimmernden Wehr bezeichnete, und der oberste Kriegsherr, anders ausgedrückt: Seine Majestät Kaiser Wilhelm II., auch König von Preußen etcetera, begaben sich flugs auf neutrales holländisches Gebiet. «Ilsemann», sagte der Kaiser, «gehn Se mal voran, ob die Grenzer drüben nicht auch schießen.» «Zu Befehl, Majestät», sagte Leutnant von Ilsemann und ging voran. Die Brücke in die Sicherheit hielt, und so verbrachte der Leutnant von Ilsemann, in unwandelbarer Treue und dazu gekommen wie die Jungfrau zum Kind respective Pontius ins Credo, den Rest seines Offizierslebens in lähmender Langeweile auf Schloß Doorn, das die holländische Königin dem heruntergekommenen Vetter als Zuflucht zuzuweisen nicht gut umhinkonnte. Er bedankte sich dafür, indem Er im Lauf der Jahre die alten Bäume des Parks höchstselbst-eigenhändig zu Brennholz zersägte.

Sigurd von Ilsemann hinterließ Memoiren, die das Interessanteste sind, was über Wilhelm Zwo, auch «Willi mit der Kopfprothese» genannt, veröffentlicht worden ist. Da hat sich doch die holländische Regierung erlaubt, schreibt Ilsemann, die Sicherheitsvorkehrungen um Doorn herum zu verstärken, um einem eventuellen Ausbruch des Exkaisers vorzubeugen. Er tobte. Ob denn nicht, schrie Er, das Ehrenwort eines deutschen Offiziers, der Er immerhin noch sei, genüge – das Ehrenwort, Doorn nicht zu verlassen ohne Einwilligung der Gastgeberin... Zwei Stunden später kamen hohenzollerische Konfidenten, die es lange noch gab, und erzählten dem Exkaiser, welche Vorbereitungen für die Rückkehr der Majestät und den Sturz der Republik getroffen würden. Sobald, sagte Er, das erste Flämmchen lodert, bin Ich hier weg, bei Nacht und Nebel wieder in Berlin... Herr von Ilsemann wagte nicht, an das Ehrenwort zu erinnern. Vielleicht war es auch nicht das Große Ehrenwort gewesen, sondern nur das sogenannte Kleine Baltische Ehrenwort, das nicht so eng zu sehen ist.

Als der Abessinien-Krieg ausbrach, ließ sich Wilhelm eine große Landkarte des Kriegsschauplatzes besorgen und begann Tag für Tag wie ein Feldherr Fähnchen zu stecken. Dem Leutnant von Ilsemann entging nicht, daß Wilhelm es mit den Abessiniern hielt. «Regiert doch dort auch 'n Kaiser», sagte Er. Aber eines Tages fand Ilsemann die Fähnchen klammheimlich umgesteckt. Wilhelm hatte mit zunehmenden Erfolgen der Italiener die Front gewechselt. Und siegte diesmal.

Als Wilhelm 1941 starb, krähte keiner der Hähne, auf die Er zeitweilig Hoffnungen gesetzt hatte, nämlich keiner der Nazi-Hähne, nach ihm. Aber immerhin erschien im «Völkischen Beobachter» eine mittelkleine private Todesanzeige.

Kaum jemand allerdings hat registriert, daß mit Wilhelm auch ein deutscher Komponist dahingegangen war. Ich bin – durch einen glücklichen Fund – Eigentümer einer Prachtausgabe des Liedes «Sang an Ägir», Text und

Weise von Sr. Majestät Wilhelm II., Deutschem Kaiser und König von Preußen. Ägir, Gatte der Ran, Vater der Wellentöchter, ist (oder war?) der nordische Meergott, der bekanntlich die so ehrgeizige wie unsinnige Flottenaufrüstung Willis wohlwollend begleitet hatte. «Sang an Ägir» für Singstimme und Klavier. Laut Verlagsankündigung auf der Rückseite auch für Männerchor oder Blasorchester oder Orgel lieferbar. Die sicher reizvollste Version – für Akkordeon Duett – suche ich bis heute vergebens.

Günter Wallraff
Plan-Abschußsoll
Ein Protokoll aus dem Jahr 1990

Wolfgang Kästner (40) war von 1978 bis Ende 1989 hauptverantwortlicher Jäger, Heger und Organisator des Gäste- und Sonderjagdreviers der SED in Suhl/Thüringen.

Wolfgang Kästner: Ich wollte als Kind schon Förster werden, und mit achtzehn wurde ich der jüngste Jäger und Jagdleiter im Bezirk Suhl. Um die Jagderlaubnis zu bekommen, mußtest du auf alle Fälle SED-Mitglied werden. Und um Revierförster zu werden, mußtest du dich freiwillig länger zur Armee melden. Hab ich gemacht, obwohl es mir gegen den Strich ging.

Vater Kästner: Man kann sagen, daß die Jagd bei uns in den ersten Jahren mal dem Volk gehörte. Der Beitrag jeden Teilnehmers richtete sich nach dem Verdienst, um die fünfzig Mark im Jahr. Bis in die siebziger Jahre war es noch eine Volksjagd. Man traf sich, man kannte sich. Es war Liebe zur Natur. Wenn man nichts schoß, war man auch zufrieden. Es gab noch keinen Jagdneid und nicht diese Über- und Unterordnung.

So, wie die politische Entwicklung in der DDR ihren Lauf nahm, der immer größere Machtanspruch der Partei, das Entstehen einer neuen Bonzokratie, so verluderte auch die Jagd.

Wolfgang Kästner: Es galt plötzlich als schick, wenn man zur Jagd ging. Ob man Generalsekretär war oder Politbüromitglied oder sonstwie das Sagen hatte. Man hatte es in Berlin auf einer Konferenz erfahren: Du, ich geh auf die Jagd, probier's doch auch mal. Ich hab Beziehungen, das läuft schon.

Und solche, die nur aufgrund ihrer gesellschaftlichen

Stellung und Funktion reingekommen sind, gaben dann den Ton an. Aus Hege und Pflege des Wildes wurden Mordlust und Trophäensucht.

Die hohen Gäste zum Schuß zu bringen, war unsere Verpflichtung. Dem hatte sich alles andere unterzuordnen. Ich war hinter jedem Spaziergänger oder Pilzsucher her. Das ist ein verdammt gutes Steinpilzgebiet, und die besten Steinpilze gibt's in der Brunftzeit. Wir haben das über den Dreh mit den Schildern «Militärisches Sperrgebiet» gemacht.

Wir hatten eine sehr hohe Wilddichte. Die Tiere wurden angefüttert, damit die Jagdgäste auf jeden Fall zum Schuß kamen. Wenn zum Beispiel der Minister für Handel und Versorgung, Briksa, einer der geilsten Schießer, uns mit seinem Besuch beehrte, dann lautete die Parole: «Wenn der heute keinen Hirsch schießt, bekommt der Bezirk Suhl morgen keine Bananen!» Das war dann ein dienstlicher Befehl. Wenn was schiefging, war ich der Verantwortliche.

Im Schnitt schoß der Briksa allein bei uns zehn Hirsche im Jahr. Der ging zur Jagd wie früher ein General in die Schlacht. Der machte sich vorher eine genaue Skizze, wollte von mir wissen: Um wieviel Uhr kommt der Bock von woher? Da hatte der Briksa seine Zeichnung. Busch A, Hecke B, Bock, und dann hat er Striche gemacht wie auf einem militärischen Einsatzplan.

Selbst Schonzeiten galten nicht, wenn es von oben angeordnet wurde. Die setzten alle Gesetze außer Kraft, wenn es ihnen opportun erschien. Als der Stellvertreter vom Arafat hier war, gab mir mein Chef die Order: «Der muß unbedingt zum Schuß kommen!»

Ich: «Was soll der denn schießen? Es ist alles zu, bis auf das und das, und das kommt dort heute Abend garantiert nicht.»

«Wolfgang, du mußt das verstehen, der kann morgen

in der Wüste sein Leben lassen. Dem Mann wird das in ewiger Erinnerung bleiben, daß er hier im Bezirk Suhl was geschossen hat. Der schießt heute Abend das, was kommt!» Dann hat er halt geschossen, eine führende Bache, also eine mit Frischlingen, und die sind eigentlich absolut geschützt. Einem Normalsterblichen aus einer normalen Jagdgesellschaft hätten sie sofort die Jagderlaubnis entzogen. Unser Ehrengast durfte noch nicht mal wissen, daß er sich strafbar gemacht hatte.

Dasselbe Spiel mußte ich mitspielen, als es um so 'nen Wettkampf und Kongreß eines internationalen Sportschützenverbandes ging. Die Unsern wollten unbedingt einem Schweden besonders zu Gefallen sein, weil der als Vorsitzender in den Verband gewählt werden sollte. Da scharwenzelten die Bezirksparteispitzen um mich rum: «Wolfgang, das ist was Hochpolitisches, der ist ganz wild auf 'ne Sau, hat noch nie eine geschossen, wenn du ihm eine vorlegst, wird der sich später auch bei Abstimmungen in unserem Sinn erkenntlich zeigen!»

Bei Treibjagden wurde ich am meisten gehetzt. Da haben sie mir als Plan-Abschuß-Soll zum Beispiel sechzig Sauen vorgegeben auf einem Territorium von über tausend Hektar. Es mußten neue Leitern, neue Ansitze gebaut werden. Alles generalstabsmäßig. Siebzig Treiber organisiert, Freunde dazu, zehn Mann, die das Jagdhorn blasen, Hundeführer, Köche und Köchinnen. Und dann hab ich nur noch geschwitzt und gezittert, daß da bis abends alle am Leben bleiben, denn von den hohen Geladenen aus Berlin hatten doch viele keine Ahnung. Die haben einfach in die Gegend geballert.

Auf die Treiber wurde keine Rücksicht genommen. Wenn's zum Beispiel regnete, sie durchnäßt waren, und es wurde Frühstück gemacht, dann standen sie draußen ums Feuer rum und froren, und drinnen in der Jagdhütte wärmte man sich von außen und innen auf, und Trinksprüche machten die Runde. Wenn mein Chef im zweiten oder dritten Treiben noch nichts geschossen hatte, dann wurde auch noch ein viertes oder fünftes angesetzt. Für die Treiber wurde es Nacht, obwohl sie nur bis sechzehn Uhr verpflichtet waren, «ehrenhalber» übrigens, nach dem Motto «Dabeisein ist alles».

Nicht ein einziges Mal habe ich erlebt, daß die erlauchten Gäste einem Treiber was abgegeben hätten. Keiner, der gesagt hätte: «Hier, Treiber Fritz, gleich ist Heiligabend oder Silvester, nimm die Wildschweinleber mit zu deiner Familie.» Nein, da haben sie ihre Prinzipien, die sind vom Stamme Nimm, alles heim ins eigene Reich! Und die Treiber, durchnäßt, müssen das Wild noch aufladen und in die Kühlkammern fahren.

Eins hab ich in den zehn Jahren begriffen: Es gibt nichts auf der Welt, nicht einmal die Liebe, wo ein Mensch seinen Charakter so offenbart wie bei der Jagd.

Sicher bin ich mitschuldig geworden. Wir haben sie verwöhnt, und wir waren ihr liebstes Spielzeug. Für die Spitzen unserer Gesellschaft war die Jagd die Krönung. Wenn sich zwei Minister begegnet sind oder zwei Wirtschaftsleute, haben die sich in der Regel zuallererst über die Jagd ausgetauscht. Und nicht etwa: Wieviel Wildbruch habt ihr denn bei euch im Bezirk?, sondern als erstes, was, wann, wieviel wo zuletzt geschossen wurde. Ob die nun Sindermann, Stoph, Pfaff, Honecker oder Mittag hießen. Der Mittag, so hörte man, war der trophäenwütigste Schießer. Der wußte nachher nicht mehr, wohin mit seinem ganzen Trophäengestänge und -gepränge, und hat seine Garagenwände von außen damit bestückt.

Nebenbei war ich Jagdleiter im sowjetischen Militärgebiet im Bezirk Suhl, achttausend Hektar groß. Die Russen sind meistens Fleischjäger. Die können dieser deutschen Protz- und Trophäenjagd nichts abgewinnen.

Nach den Jagdgesetzen der DDR und Vereinbarungen mit den sowjetischen Militärs war festgelegt, daß in deren Jagdrevier achtzig Prozent der Strecke von den sowjetischen Genossen erlegt sein mußten, die restlichen zwanzig Prozent von uns. Nun war's in der Praxis umgekehrt, und ich war dazu verdonnert, Ende des Jahres die Wildbilanzen zu frisieren. Mußte für das erlegte Wild einen Ursprungs- und Totenschein ausstellen und nachweisen, wer jedes Tier geschossen hatte. Da hab ich halt, wenn der Minister Briksa zum Beispiel in einer Saison zehn Böcke geschossen hatte, dahinter geschrieben: «Erleger: Sowjetischer General.» Damit auf dem Papier alles seine Ordnung und Richtigkeit hatte. Als ich mich irgendwann den sowjetischen Freunden anvertraut hatte, war ich bei meinen Vorgesetzten plötzlich der «Russenfreund». Und das war kein Ehrentitel. Spätestens beim deutschen Hirschen hörte bei ihnen die deutsch-sowjetische Freundschaft auf.

Die Russen waren nicht so steif und förmlich wie die Unseren, und wenn man da einen Freund hatte, da wußte man auch, daß der ein richtiger Freund war. So arrogant, überheblich und gefährlich viele unserer Führungsleute sind, so offenherzig, großzügig und hilfsbereit sind in der Regel die russischen Offiziere. Richtig über die hergezogen sind die Unseren, haben voll die Sau rausgelassen, als Gorbatschow mit Glasnost und Perestroika begann. Da kamen die ganzen alten Vorurteile von früher wieder hoch:

Russen seien faul, schlampig, oberflächlich und könnten vor allem nicht organisieren, worin wir ja bekanntlich Weltmeister sind. Die sollten gefälligst arbeiten und ihren eigenen Saustall in Ordnung bringen, statt uns vorzuschreiben, was Sozialismus ist...

Eines Tages habe ich mir beim Holzhacken den Daumen abgehackt. Ich hab ihn in die Hand genommen und bin ins Krankenhaus gefahren. Weil ich so schnell war und weil's ein glatter Durchschnitt war, konnten sie mir den Daumen wieder annähen.

An dem Abend sitz ich noch ganz benommen mit starken Schmerzen zu Hause, da steht mein Chef vor der Tür und sagt: «Mach dich fertig, ich will jetzt zur Jagd!» Da mußte ich mit. Er hat zwei Rehböcke geschossen, die ich mit nur einer Hand aufbrechen mußte. Weil diese Leute besonders gern die Leber essen und man die Leber von der Lunge trennen muß – dazu braucht man eigentlich zwei Hände – hab ich einen Fuß zu Hilfe genommen. Meinst du, der wäre auf die Idee gekommen, wenigstens mal mit anzufassen?

In den nächsten Tagen mußte ich noch mal mit Jagdgästen raus, und dann gab's Komplikationen, der Daumen hat stark geeitert.

Der Briksa hat mir mal ein neues Auto in Aussicht gestellt. Meine Karre löste sich langsam auf, die war total verrostet. Er hatte mit versprochen: «Wenn du mal ein neues Auto brauchst, das ist für den Minister für Handel und Versorgung ein Schnippser. Da mußt du nicht achtzehn Jahre warten, du kriegst es in achtzehn Stunden.»

Im Herbst kam er wieder, um seine Trophäen abzuholen. Da habe ich gewagt zu sagen: «Mein Auto ist am Ende. Ich bräuchte dringend ein neues.» Seine Antwort: «Also, mit deinem Daumen dieses Jahr hast du dir wirklich kein Auto verdient!»

Ich war an zweihundert Tagen im Jahr mit Jagdgästen unterwegs, zusätzlich an fünfunddreißig Wochenenden, an Heiligabend, Silvester und an den meisten Feiertagen. Sie kamen bei mir wirklich fast alle zum Schuß.

Heute machen die, die uns über die Jahre getriezt und gepiesackt haben, in deutsch-deutscher Verständigung. Unser oberster Jagdchef stößt jetzt mit dem ehemaligen Chef des bayrischen Nachrichtendienstes, dem jetzigen

Vorsitzenden des Deutschen Jagdschutzverbandes, auf deutsch-deutsche Ewigkeit an. Derselbe, der die Gesetze mit ausarbeitete, nach denen wir Waffenträger unsere Jagdwaffen abgeben mußten, wenn in der Nachbarschaft auch nur ein Westwagen gesichtet worden war.

Mein ehemaliger Chef ist immer noch amtierender Jagdleiter der Bezirksjagd und Ratsvorsitzender, so, als wäre nichts gewesen. Jetzt kommen die dicken Schlitten aus dem Westen und sondieren. Da pirschen sich welche ran, nehmen Witterung auf und setzen erste Duftmarken...

Leonie Ossowski
Am selben Ort zu anderer Zeit

Dreißig Jahre lang hat Pawel sie nicht gesehen. Er muß die Augen zusammenkneifen, um in der älteren Frau vor ihm das damals siebzehnjährige Mädchen zu erkennen.

«Ja, ja, ich bin's», sagt die Frau, «die Olga. Erinnern Sie sich nicht mehr an mich?» Ihr unbekümmertes Lachen stürzt ihn in die Erinnerung. Statt zu grüßen, kann er nur mit dem Kopf nicken.

Olga streckt Pawel die Hand hin. «Ich hab Sie gesucht», sagt sie, «und ich hab Sie gefunden.»

Pawel zuckt zusammen. Damals hatte man ihn auch gesucht, nur Gott sei Dank nie gefunden.

«Ich habe immer nach Antek gefragt», sagt Olga, «und schließlich erfahren, daß Sie jetzt Pawel heißen. Warum haben Sie Ihren Namen geändert?»

Pawel hebt Schultern und Hände, als habe er darauf keine Antwort. Nur ein Grinsen zieht für Sekunden über sein Gesicht, ein Grinsen, das Olga unsicher macht, obwohl er sie jetzt in sein Haus bittet.

«Ich möchte Sie nicht stören», sagt sie und hat Mühe, Pawel nicht mit Antek anzureden, «aber ich wollte Sie bei meinem ersten Besuch in Polen gern wiedersehen.»

Inzwischen haben beide die Stube betreten und Olga packt kleine Geschenke aus ihrer Tasche auf den Tisch. Kaffee hat sie mitgebracht, guten englischen Tabak, und Schokolade. Pawel ruft auf polnisch ein paar Worte in den Flur, und Olga hört eine Frau antworten.

«Sind Sie verheiratet?»

Pawel nickt stumm.

Und weil das Gespräch nicht recht in Gang kommen will, Pawel weder seine Frau hereinholt noch die Mitbringsel zur Kenntnis nimmt, beginnt Olga ein wenig zu laut draufloszureden.

POLEN UND DEUTSCHE

Pawel gehöre nun einmal in die Zeit ihrer Jugend, sagt sie. Bei ihm habe sie immerhin vor ihrer Landwirtschaftslehre Trecker fahren und Maschinen bedienen gelernt. Sie erinnere sich, in seiner Gegenwart das erste Feld gepflügt und hochgestapelte Heuwagen von der Wiese in die Scheue gefahren zu haben. Stunden hätte sie mit ihm auf dem Traktor verbracht, und die habe sie alle noch gut im Gedächtnis. Pawel nickt ohne ein Lächeln, und ohne ein Wort der gemeinsamen Erinnerung.

«Sie waren der erste», sagt Olga jetzt etwas langsamer, «der mir davon erzählte, wie die Polen von ihren Höfen verjagt, geschlagen und aus nichtigen Gründen erschossen oder ins KZ gebracht wurden. Kinder verloren dadurch nicht nur ihr Zuhause und ihre Eltern, sie mußten auch Mord und Totschlag mit ansehen. Sie erzählten mir auch, wie zwölf polnische Lehrer der polnischen Dörfer jenseits der Grenze, nur ein paar Kilometer von meinem Elternhaus entfernt vor ihren Schulen erschossen worden waren.»

Pawels Gesicht zeigt plötzlich einen Hauch von Interesse. «Was haben Sie denn mit meinen Informationen damals angefangen?» will er wissen, während sich seine alten Hände ineinanderlegen, als fände er an ihnen Halt.

«Nichts», antwortet Olga eine Spur zu schnell und blickt Pawel geradewegs ins Gesicht, «was sollte ich Ihrer Meinung denn als Halbwüchsige damit anfangen?»

Da ist es wieder, dieses Grinsen, macht sich zwischen den Falten in Pawels altem Männergesicht breit und verschwindet auch nicht, als jetzt seine Frau mit belegten Broten, Gurken, eingelegten Pilzen und Wodka die Stube betritt.

Pawel schiebt die Geschenke beiseite, und als der von Olga mitgebrachte Tabak dabei zu Boden fällt, hebt ihn Pawel nicht auf.

Nur der höfliche Gruß der Frau unterbricht das Schweigen, und als sie den Raum wieder verläßt, wird die bedrohliche Stille schier unerträglich. Olga sieht aus dem Fenster hinaus in Pawels Garten, wo die Katzen zwischen den Stockrosen schlafen. Hinter den Holunderbüschen beginnen die ehemaligen Felder des Vaters, die heute zum staatlichen Kombinat gehören.

Pawel hat Olgas Frage nicht beantwortet. Er starrt vor sich hin, als habe er Olga vergessen und halte sich allein in der Stube auf. Erst als sie sich, mehr aus Verlegenheit räuspert, besinnt er sich ihrer Gegenwart und schiebt ihr, immer noch stumm, den Teller über den Tisch hin. Olga greift zu, dankt und beginnt ohne Appetit langsam zu kauen. Pawels Augen hängen an ihren Lippen, als habe er noch nie jemanden essen sehen. Und dann sagt er einen Satz, der Olga den Bissen im Hals stecken läßt.

Pawel sagt ihn mehr zu sich selbst, geradezu erstaunt und so leise, daß er kaum zu hören ist, aber er sagt ihn auf deutsch und Olga versteht jedes Wort: «Jetzt hat ein Feind von meinem Brot gegessen.»

Im gleichen Moment steht er auf, schenkt die Gläser voll, reicht eins davon Olga, prostet ihr zu, sagt: «Zdrowie pani!» und kippt ohne ihre Reaktion abzuwarten seinen Wodka hinunter.

Olga trinkt nicht, spürt nur das Brot zwischen den Zähnen und würde es am liebsten auf der Stelle ausspucken. So einen Empfang hatte sie nicht erwartet, am allerwenigsten von diesem Mann, der ihr in ihrer Jugend so vertraut war und von dem sie ihren Kindern gegenüber immer behauptete, er sei ihr ein Freund gewesen.

«Ich möchte gehen», sagt Olga jetzt, und die Wut in ihrer Stimme ist unüberhörbar. «Es wäre weiß Gott besser gewesen, ich hätte Sie nicht aufgesucht.»

«Das stimmt nicht», antwortet Pawel und gießt sich

abermals einen Wodka ein, «denn Sie haben doch immer noch keine Ahnung, warum ich damals Antek hieß. Oder wissen Sie es inzwischen?»

Olga schüttelt den Kopf. Ehrlich gestanden will sie es gar nicht mehr wissen. Sie will nur dieses Haus verlassen und diesen alten Mann, der sich über ihren Besuch nicht freut, sondern ihn dazu benutzt, ihr eins auszuwischen. Aber kaum macht sie Anstalten aufzustehen, legt ihr Pawel die Hand auf die Schulter und drückt sie fast liebevoll zurück auf den Stuhl.

«Ich gehörte damals zu den Dorfschullehrern, die später erschossen wurden.»

«Sie?» entfährt es Olga verwundert, «Sie waren Lehrer?»

«Ja», sagt Pawel und lächelt plötzlich sein altes, Olga so vertrautes Lächeln, «nicht alle Zwangsarbeiter auf den Gütern waren Knechte, wie ihr Deutschen immer geglaubt habt.» Und dann erklärt er ihr ausführlich, wie er unter Mühen geflohen sei, um der Erschießung zu entkommen.

«Es war der Verwalter Ihres Vaters, der mir half. Er stellte mich unter falschem Namen als Treckerfahrer ein und hat mir auf diese Weise das Leben gerettet. Nur konnte er nicht riskieren, mir eine Unterkunft zu geben. Also schlief ich über Jahre im Dachstuhl des Gesindehauses auf einem Strohsack unter den Dachpfannen. Das bedeutete im Sommer bei dreißig Grad Hitze und im Winter bei dreißig Grad Kälte die Nächte zu verbringen. Wie ich das so lange aushalten konnte, ist mir noch heute ein Rätsel. Gewaschen habe ich mich unter der Pumpe und im Winter bei den Batackis, die es als Zwangsarbeiter aus Kalisz hierher verschlagen hatte. Wenn die nicht dicht gehalten hätten, dann säße ich heute nicht mit Ihnen hier.»

«Das habe ich alles nicht gewußt», sagt Olga tonlos,

und Pawel antwortet: «Ich weiß, aber Sie haben mich auch nie nach meinem Schicksal gefragt.»

«Hätten Sie es mir denn erzählt?»

Pawel dreht sein Glas in den Händen. Ganz offensichtlich fällt es ihm schwer zu reden, und es gelingt ihm nicht, Olga anzusehen.

«Vielleicht», sagt er schließlich, «vielleicht hätte ich es getan. Aber wer weiß, wofür es gut war, daß ich damals den Mund gehalten habe. Wichtig für mich ist nur, daß Sie nun endlich Bescheid wissen und deshalb danke ich Ihnen für Ihren Besuch.» Dann hebt er den Kopf, trinkt ihr zu und sagt, diesmal auf deutsch: «Auf Ihr Wohl, Pani Olga.»

Jochen Missfeldt
Der Baum, der Nachbar, das Telefon, die Familie

Der dicke Ulmen-Ast, den mein Nachbar mit dem Wort
«Vorsicht» vom Garagendach runterwarf, traf mich mit
voller Wucht an der rechten Schläfe. Ich hörte mich unangenehm laut schreien. Ich sah das verschwindende
Bild meines Nachbarn. Ich sah schwarz. Ich fiel hin und
blieb neben der vor vier oder fünf Jahren gepflanzten
Nordmann-Tanne auf Blättern und Moos liegen. Ich hörte meinen Nachbarn vom Garagendach herunterrufen.
«Nicht aufstehen, liegen bleiben.»
  Ob ich einen Arzt oder ins Krankenhaus wolle, fragte
Nachbar Siemsen mich. Ich wollte beides nicht. Ich wollte erstmal nur liegen bleiben. Es war weich und es war
nicht kalt hier unten auf der Erde zwischen den berauh-
reiften Bäumen im Garten. Mit der Hand tastete ich
meinen Kopf ab. Da fehlte nichts. Es war auch kein Blut
an der Hand. Es war nur was Dröhnendes im Kopf:
Siemsen besaß eine Motorsäge, ich nicht. Darum hatte
ich ihn gebeten, die Ulme zu fällen, die zwischen anderen Bäumen herausmußte. Bäume sind was Schönes,
aber man will doch auch Sonne in den Garten bekommen. Baumfällen mit der Motorsäge macht Spaß; eine Zirkusnummer für Männer, meine Herrschaften.
Platsch, da lag ich nun vom Trapez in die Manege gefallen. «Aufstehen», schrie der ausverkaufte Zirkus. Ich
gehorchte.
  Siemsen legte mir die Hand auf die Schulter und führte
mich ins Haus. Ruth sah uns vom Telefon aus kommen.
Sie kriegte einen Schreck und legte den Hörer auf. Sie
bettete mich in der Küche auf die Ofenbank, wo es im
Winter schön warm ist. Sie drückte mir ein naßkaltes
Geschirrhandtuch auf die Stirn. Sie legte mir eine Woll-
decke über. Ich sah an die Holzdecke. Ich sagte nichts,

weil ich das Dröhnende im Kopf beobachten wollte. Ruth sagte: «Ich such mal unser Gesundheitsbuch. Ich will mal unter ‹Gehirnerschütterung› nachschlagen.» Während sie suchte, probierte ich das Aufstehen. Es ging. Ich zog meine dreckigen Sachen aus, zog saubere an und wusch mir die Hände. Ich betrachtete mich im Spiegel und sah nur ein paar Schrammen an der rechten Schläfe, sonst nichts. Dann legte ich mich wieder hin.

Ruth konnte das Gesundheitsbuch nicht finden. Sie sagte: «Laß uns Nina anrufen.» Nina war Gottseidank zu Hause. Sie stellte ein paar fachmännische Fragen, und Ruth und ich antworteten gewissenhaft wie in der Sprechstunde. Während wir mit eingeschaltetem Lautsprecher telefonierten, kam Siemsen rein, um sich nach dem Stand der Dinge zu erkundigen. Ich winkte ihm halb zum Gruß und halb als Aufforderung zum Mundhalten zu, weil wir gerade unserer Tochter zuhörten. Die sagte: «Da ist nichts. Im Krankenhaus würden sie auch nichts finden. Aber ich verordne dir vierundzwanzig Stunden Bettruhe. Armer Papi.»

«Frag sie mal, ob sie auch was für meine Schuldgefühle hat», rief unser Nachbar einfach so in die Küche. Unsere Tochter konnte das aus ihrem Telefon hören, über fünfhundert Kilometer Entfernung in Düsseldorf, wo sie seit einigen Jahren wohnt. «Siemsen soll das Kleinholz schreddern, und das Geschredderte soll er schön gleichmäßig zwischen den Bäumen verteilen. Dann sind seine Schuldgefühle weg.» So Tochter Nina aus Düsseldorf. «Alles klar, wird gemacht», so Siemsen, unser Nachbar. Er verabschiedete sich: «Danke und gute Besserung.»

Ich bettete mich wieder und legte das feuchte Geschirrhandtuch wieder auf die Stelle am Kopf. Während darunter das Dröhnen weiterging – aber nicht mehr ganz so schlimm – sagte ich zu Ruth: «Laß uns die anderen auch anrufen.

Zuerst kam Judy dran. Judy, weit unten im Süden am Bodensee, lag mit neununddreißig Grad Fieber und mit Verdacht auf Scharlach im Bett. Sie ist Kindergärtnerin. Ein gefährlicher Beruf, alle Augenblicke fliegen einen Kinderkrankheiten an, die man noch nicht gehabt hat. Judy sprach ganz leise mit belegter Stimme, aber im Telefon-Lautsprecher konnten wir sie gut verstehen. Ruth berichtete die Geschichte vom Baum, von Siemsen und von meinem Kopf. «Armer Papi», sagte Judy und, «Wo ihr gerade davon erzählt. Siemsen soll mal sagen ... Ach, ist nicht so wichtig. Wir reden darüber, wenn es mir wieder besser geht. Gruß an Siemsen und Kopf hoch, Papi», sagte sie zum Schluß.

«Jetzt noch Fanny», sagte ich mit deutlich weniger Einsamkeit und Dröhnen im Kopf. Wir erreichten Fanny in ihrer kleinen Studentenbude in Schottland. Sie hatte eigentlich keine Zeit, weil sie vor der Abschlußprüfung stand. Und ich hatte ihretwegen Gewissensbisse, weil der Baum ab war. Sie ist unsere «Grüne» und sagt immer: Was wachsen will, soll wachsen. Aber dann sah ich sie doch nicht ihren mahnenden Zeigefinger im Telefon erheben, sondern ich hörte sie sagen: «Armer Papi. Hauptsache, es ist nichts passiert. Siemsen soll einen neuen Baum pflanzen, dann ist alles wieder gut.»

So, mit Trost und kleinen Aufgaben von unseren Töchtern versehen, streckte ich mich auf der Ofenbank lang aus.

Guntram Vesper
Erinnerung an ein Foto

Den Sommer sechsundfünfzig habe ich in einem Ferienlager auf Rügen verbracht. Das Lager befand sich in der Nähe des Dorfes Nonnevitz südwestlich von Kap Arkona. Eine Lichtung im Kiefernwald, hinter Büschen und Brombeerhecken. Zelte mit fünfzehn, zwanzig Strohsäcken auf festgetretener Erde, Großstadtjugend.

Tags mußten wir auf den Feldern einer Genossenschaft bei der Ernte helfen, abends gab es ein warmes Essen auf dem Gut. Müde saßen wir im grellen Licht nackter Glühbirnen an den langen Tischen im ehemaligen Saal des Herrenhauses und hörten den Gesprächen zu.

Einmal erkundete ich das Haus. Im Oberstock die schrundigen Stellen auf den Wänden. Dort waren die Wannen herausgerissen, die Rohre der Dampfheizung und die Waschbecken gestohlen worden. Schutthaufen in den Ecken, wo die Öfen gestanden hatten. Von Zimmer zu Zimmer der ungehinderte Blick, es gab keine Türen mehr.

Mir fiel ein Gespräch mit Vater ein, das Jahre zurücklag. Vater hatte von den Riesengütern im Osten und Norden erzählt und davon, wie die Lebensart des Adels und das elende Dasein der Landarbeiter zusammenhingen. Die Ausweisung der Gutsbesitzer und die Bodenreform hätten mit den alten Verhältnissen Schluß gemacht, leider würden auch die Schlösser und Parks bald verfallen und früher oder später restlos verschwinden. In Benndorf, du weißt schon, ist es schneller gegangen, das Herrenhaus dort hat man einfach gesprengt.

Eines Morgens wanderten wir Erntehelfer zur nächsten Station der Rügener Kleinbahn. Das Lager leer, bis auf die ausgelosten Wachen, die neben der Fahnenstange im Gras lagen und weiterschliefen.

Wir wurden nach Hiddensee übergesetzt. Ich sah das eine Ufer kleiner, das andere größer werden. Mittags kamen wir an Spätsommerwiesen und Kartoffelfeldern vorbei, überall Leute, Wagen, der Lagerleiter ließ uns singen, das Aufbaulied vielleicht.

Am Strand nach Westen badeten wir. Die Gelenke schmerzten, so kalt war das Wasser. Wir liefen ins Knieholz und zogen uns an.

Später ein Haus, abseits des Ortes. Ziegelmauern, ein Laubengang. Wilder Wein. Wir wurden durch die Zimmer vor einen Schreibtisch geführt, hier hat der große Dichter gelebt und geschrieben. Was ich sah, sagte mir nichts, aber das Foto neben dem Fenster fiel mir auf, es zeigte einen abgemagerten alten Mann, wirres weißes Haar, Haut über Knochen, der im Sessel lag und mit Anstrengung den kleinen Kopf hob, harte schwarze Schatten auf dem zusammengefallenen Gesicht. Neben ihm, größer und breiter, ein Zivilist und ein Soldat, Posten ähnlich.

Am Ende der Ferien die Rückfahrt nach Frohburg. Güterwagen, in die man Bänke geschraubt hatte. Wir waren zwei Tage unterwegs.

Zu Hause Mutter mit fremden Augen. Prüfte, ob ich verwildert war. Alle Zimmer erschienen mir kleiner.

Vater gab mir einmal ein schmales Buch, *Neue Gedichte* von Gerhart Hauptmann, es war ein Jahr nach Kriegsende im neugegründeten Aufbauverlag erschienen. Zwischen den Seiten lagen Zeitungsausschnitte vom Sommer sechsundvierzig. Jetzt las ich von dem uralten Mann in Agnetendorf am Rande des Riesengebirges, von seinen letzten Monaten in der Villa Wiesenstein. Es wurde erzählt, wie der dreiundachtzigjährige Hauptmann in der Nacht zum vierzehnten Februar fünfundvierzig, als Dresden im Feuersturm unterging, auf den Höhen des *Weißen Hirsches* gestanden und endlos lange auf die verglühende Stadt zu seinen Füßen gestarrt hatte. Man konnte keine Schreie, keine Detonationen hören, bis auf ein leises Brausen in der Ferne war es ganz still. Manchmal ein Windstoß talwärts, der in den Zweigen pfiff.

Er war aus dem Haus und durch den finsteren Garten an die Kante geführt worden, unbeweglich stand er da, Stunde um Stunde. Tränen liefen über das alte Gesicht.

Es gibt ein Gemälde *Der Abendstern*, sagte Vater, Caspar David Friedrich hat es gemalt, man sieht Dresden von Osten her. Dann zeichnete er mir das Bild nach, eine schwarze Gestalt vor dem seltenen Rot des Nachthimmels, den Greis, der, auf Frau und Sekretär gestützt, den Untergang der Welt betrachtet, als Verneinung seines Lebens, aller eigenen und fremden Bücher. Sprache richtet nichts aus, macht die Menschen nicht besser.

Einmal, als ein Schauspiel zu Ende war, hatte er den dargebotenen Arm genommen und sich vom Minister durch die Doppelreihe der Würdenträger zum Auto führen lassen. War diese Berührung mit Goebbels gemeint.

Am nächsten Tag ist Hauptmann krank, Winterluft, Leichenberge, neuer Angriff, man mietet einen Masseur als Wärter, legt den alten Mann auf eine Trage und reist ab. In Görlitz heben Helfer den Dichter in den falschen Zug, am Abend ist er wieder in der Stadt.

Endlich auf dem Wiesenstein angekommen, bleibt er fünfzehn Monate im Bett, dann stirbt er. Vorher, im Frühjahr fünfundvierzig, zieht die Rote Armee in Schlesien ein, Kampftruppen besetzen Agnetendorf. Was ist los im Ort. Nur von einem Haus wird berichtet. Der Kranke schickt den Soldaten den Briefwechsel mit Gorkij in die eiskalte Halle. Die Männer mit den Maschinenpistolen, den Helmen, in lehmverkrusteten ölverschmierten Uniformen reichen die Papiere im Kreis und nicken und lächeln besorgt, der berühmte Dichter ist alt und schwach, still still.

Ein Detail aus der Lebensgeschichte Johannes R. Bechers, eine Episode aus der Zeit des scheinbaren Stillstands zwischen Ende und Anfang. Im Frühsommer fünfundvierzig war Becher aus dem Moskauer Exil zurückgekommen. In Berlin baute er den Kulturbund auf. Er fand den todkranken Fallada, den alten Kellermann. Von Hauptmann war nur bekannt, daß er im entvölkerten besetzten Schlesien krank lag.

Becher, ein Kapitän der sowjetischen Militärverwaltung und ein Frontfotograf wurden mit Papieren versehen und mit Lebensmitteln und Benzin versorgt, die Rote Armee stellte einen Lastwagen. Auf der Ladefläche des Anderthalbtonners sitzend, fuhren die drei Kundschafter in Richtung Süden durch das zerstörte Land, über verödete Autobahnen, Behelfsbrücken, Feldwege, durch zerbombte Städte und zerschossene Dörfer. Manchmal blieb das Auto stehen, der Fahrer reparierte halbe Tage.

Hinter der Oder lag, am frühen Morgen bereift, das verlorene Schlesien, in das die Polen sickerten. Man sah kaum Menschen. Als hielten sich die alten und die neuen Bewohner versteckt. Auch Agnetendorf, das schon Agnieskow hieß, machte einen verlassenen Eindruck.

Aber als Becher und seine Begleiter nach der tagelangen Reise endlich vom Lastwagen kletterten und auf Haus Wiesenstein zugingen, durch den ansteigenden Park mit Tannen und Eiben, sah die große Villa wie eine unversehrte Festung aus.

In der Küche bauten die Ankömmlinge vor Hauptmanns Frau und dem Masseur die Lebensmittel auf. Dann wurden sie zu dem Kranken geführt. Mit welchen Gedanken und Empfindungen Becher, der gerade zehn Jahre unter ganz anderen Umständen verbracht hatte, durch die Zimmerfluchten gegangen ist, an den Wandbildern, den Bücherschränken und Sammlungen vorbei, ahnt man, wenn man sein Leben ab achtundvierzig ansieht, Haus am See, Segelboot, schnelle Autos, das Land hatte noch Mühe, satt zu werden.

Hauptmann, halb sitzend, winkte mit der Hand, zwei Stühle ans Bett, Frage nach seinem Befinden, Schilderung ihrer Reise, Becher sprach lange über das zusammengebrochene Reich und das neue Deutschland.

Sie aßen zu viert im Nebenzimmer. Becher, der Rotarmist, der Krankenwärter und die Frau. Die Frau, ganz in Schwarz, sehr kalt, sagte kein Wort. Sie nahm eine der hauchdünn geschnittenen Scheiben Brot und verließ den Raum. Hinweis des Masseurs: wir haben nur noch die halbe Flasche Rotwein, die auf dem Tisch steht.

Am frühen Nachmittag Fortsetzung des Gesprächs. Vorher hatte man Hauptmann in eine Jacke gesteckt, in eine Decke gewickelt, man hatte ihn aus dem Bett gehoben und für kurze Zeit in den Sessel gesetzt, Becher und der Offizier rückten heran, Blicke von einem zum anderen, der Fotograf nahm das Bild auf, den Beleg.

Da Schlesien an Polen komme, sagte Becher, und die deutsche Bevölkerung, soweit sie nicht geflohen sei, ausgesiedelt werde, müsse auch der Dichter Agnetendorf verlassen, Berlin erwarte ihn schon. Die Hunde unten im Dorf, sagte Hauptmann, bellen mein Haus an. Beim Abschied steckte Becher dem Greis eine Flasche Kognak unter die Kissen, seltsame Szene.

Anderntags fuhr er in Begleitung des Offiziers nach Liegnitz, ins Hauptquartier Rokossowskis. Er verlangte und bekam kaukasischen Weinbrand, zwei Kisten, und trug vor, wie man sich in Karlshorst den Umzug Hauptmanns, der Bibliothek, der Archive und der Einrichtung dachte. Ohne Eile und sorgfältig sollte alle bewegliche Habe verpackt und mit der Bahn abtransportiert werden. Keinerlei Kontrolle oder Aufenthalt an der neuen Grenze.

Wieder in Agnetendorf, gab Becher den Kognak, den dreisprachigen Schutzbrief der Heeresgruppe gegen ein Bündel Manuskriptblätter her, Hauptmanns *Neue Gedichte*.

Der Band erschien im Frühsommer sechsundvierzig. Damals türmten sich in der Halle, im ganzen Erdgeschoß der Villa Wiesenstein schon die Kisten bis zur Decke. Mein Haus, fragte Hauptmann. Am sechsten Juni starb er.

Der Sonderzug mit zerbrochenen Fenstern, der sich sechs Wochen später über die Neiße nach Westen müht, durch ausgedörrte sonnenverbrannte Landstriche, befördert die Leiche im gesprungenen Zinksarg, und in mehreren Waggons die Hinterlassenschaft.

In Forst, wo jetzt Deutschland anfängt, Gedränge auf dem Bahnsteig, ganz vorn Becher. Reden werden gehalten, der Zug bekommt Trauerschmuck, die Abordnung steigt zu und begleitet den toten Dichter nach Berlin, dort soll er begraben werden. Die Witwe widersetzt sich und besteht auf Hauptmanns Sommerinsel Hiddensee. Tagelanges Verhandeln. Dann Weitertransport nach Stralsund, Trauerfeier, Ansprache Wilhelm Piecks, dann Überfahrt, dann Begräbnis ohne Aufsehen.

Zehn Jahre später stehe ich auf der Schwelle des Arbeitszimmers und weiß von nichts. Das Foto. Eine Ahnung.

Edgar Höricht
Im Garten am Frauenplan, September 1789
Könnte es so gewesen sein?

Er ging jetzt nicht mehr oft durch die Seifengasse, seit er den Brief geschrieben hatte, der ihm selber so herzlos schien und den er dennoch nicht bereuen konnte. Es begann zu dämmern. Die Toreinfahrten lagen in tiefen Schatten, die derben Katzenköpfe des Pflasters waren kaum mehr zu unterscheiden; er mußte aufpassen bei jedem Schritt. Die Gasse war wie ausgestorben, doch ihm war, als spähe da und dort ein Auge hinter einer Gardine hervor. Auch früher schon hatte es manches Gerede in der Stadt gegeben; allzu oft hatte man ihn diesen Weg gehen sehen und am Ende einbiegen in den Vorplatz des herrschaftlichen Hauses, dessen Fassade sich in weitem Bogen gegen den Park zu auftat. Liebschaften von Personen, die im Dunstkreis des Hofes lebten, waren immer willkommener Anlaß zum Getuschel gewesen. Aber jetzt waren die Zungen spitzer, die Blicke verstohlener, das Gerede gehässiger.

Sollten sie ihm diese Stadt verleiden? Wie sehr sie ihm Nährboden und Heimat war, hatte er erst in Italien empfunden, in den letzten Wochen seines fast zweijährigen Aufenthalts, als ihn die Sehnsucht nach dieser Stadt überfiel. Aber als er heimkam, war er ein anderer geworden. Er hatte in Italien gelernt, frei zu sein. Er hatte gelebt als Mensch unter Menschen, nicht eingeschnürt von Pflichten und Aufgaben, von Standesschranken und Zwängen der Etikette. Wie fremd, wie unerträglich erschien ihm nun wieder die vornehme Gesellschaft dieser kleinen deutschen Residenzstadt.

Und die Frau, um deretwillen er früher so oft in diese Gasse gegangen war, die ihn fast wie eine Heilige begleitet hatte, die Zarte, Geistreiche, Feingebildete, die er doch nie herzhaft an die Brust hatte drücken dürfen, sie gehörte zu dieser Welt, aus der er geflohen war.

War es nicht die Fügung eines gütigen Geschicks, daß er, kaum heimgekehrt, dem Mädchen mit dem braunen Haar und den lachlustigen Augen begegnet war, das ihm, ohne zu fragen und sich zu zieren, in die Arme flog? Wie eine der jungen Römerinnen erschien sie ihm, die an der Spanischen Treppe Blumen feilboten oder auf der Piazza Navona den Wein servierten. Was kümmerte ihn das Geschwätz der Leute, daß er sich mit so einem «armen Geschöpf» einließ? Sie hatten nicht das weite Herz der Mutter in Frankfurt, die unverblümt dieses Mädchen seinen «Bettschatz» nannte. Erst heimlich, dann trotzig hatte er das «kleine Naturwesen» in sein Haus aufgenommen. Der Bruch mit Charlotte von Stein war dadurch endgültig.

Er trat in die Einfahrt seines weitläufigen Hauses am Frauenplan. Vor dem Abendessen wollte er noch in den geliebten Garten gehen. Da sah er hinten an der Rabatte seine «kleine Hausfrau» – bald die Mutter seines Kindes. Trotz der beginnenden Dunkelheit war sie noch dabei, die Rosen zu gießen, zu häufeln, zu beschneiden. Eine Weile betrachtete er ihr Tun, ihre feste, lebensvolle Gestalt, die rasche Bewegung, mit der sie sich eine Locke aus der Stirn strich. Dann ging er zu ihr.

Es drängte ihn, ihr von seinen neuen botanischen Versuchen zu sprechen. Er sprach fast wie ein Schulmeister, als er ihr die Gattung und die Spezies der Blumen nannte, die im Dämmerlicht noch zu sehen waren, und dabei immer mehr in Eifer geriet. Bis er sie zufällig anschaute und bemerkte, daß sie kaum seiner auf die Pflanzen weisenden Hand folgte, vielmehr ihn, den Sprechenden, von der Seite betrachtete. Als sie den «barbarischen Klang» der lateinischen Namen beklagte, die sie sich niemals merken könne, mußten sie beide lachen.

Oft überkam ihn ein neuer Gedanke nicht in der Stille seines Arbeitszimmers; er entstand vielmehr, indem er ihn mitteilte, einem Menschen mitteilte, der ihm zuhören konnte, oder gar einem, der ihn liebte. So auch jetzt. Nicht auf einmal, nicht als fertiges Gedankengebäude konnte er seine Erkenntnis bieten, nur stückweise stellte er die Entdeckung eines geheimen Gesetzes in Aussicht. Er nannte es ein «heiliges Rätsel»: Die schier unendliche Vielfalt der Pflanzen in dem dunkel gewordenen Beet vor ihnen erwuchs aus einem gleichen einfachen Ursprung. Die einzelnen Teile der Pflanzen – Wurzel, Stengel, Blätter, Blüte und Frucht – entwickelten sich aus einem gleichen einfachen Keim nach dem gleichen Bildungsgesetz, unter verschiedenen Einflüssen – vorbestimmten und zufälligen – zu den allerverschiedensten Erscheinungsformen.

Er hatte sich selber fast in einen Rausch hineingeredet, wie es ihm oft widerfuhr, wenn er eine neue Erkenntnis hatte. Als er jetzt innehielt und sich wieder seiner jungen Frau Christiane zuwandte, da öffnete sich ihm ein noch weiterer Horizont. Was war denn die Kraft, die nicht nur die Metamorphose der Pflanzen bewirkte, sondern auch die Metamorphose der Tiere, und die letztlich auch das Leben der Menschen aus dem Einfachen ins Besondere brachte? In einem großen Zusammenhang vollzog sich die Entwicklung des Verhältnisses zwischen zwei Menschen, von der Bekanntschaft über die Freundschaft zur Liebe als der höchsten Manifestation des Grundgesetzes von allem Lebendigen.

Anny Osterland
Ein Gespenst für alle Fälle

«Sie Oberlehrer, Sie!» sagte ein Autofahrer zu einem anderen, der auf der Strecke mit Überholverbot absichtlich besonders langsam vor ihm hergefahren war. Der Langsamfahrer fühlte sich durch diese Bezeichnung verletzt, sicher auch deshalb, weil sie ins Schwarze traf. Er hatte sich über den Schnellfahrer geärgert, der mit mindestens achtzig Stundenkilometer herangejagt war, wo nur fünfzig gefahren werden durften. Um ihn zu erziehen, entschloß sich der Langsame, noch langsamer zu fahren: fünfunddreißig, damit der andere mal ein wenig Geduld lerne. Der lernte aber gar nichts, sondern empfand das Verhalten als Provokation, überholte trotz des Verbotes und bremste seinerseits den Langsamfahrer aus, um ihn zur Rede zu stellen. Mit dem Begriff «Oberlehrer», den er dann noch einmal, mit dem Zusatz «typisch», wiederholte, provozierte er aber ebenfalls, so daß bald ganze Schwärme von hier nicht wiederzugebenden Bezeichnungen hin- und herflogen. Man sah sich Monate später vor Gericht wieder, denn jeder war und blieb beleidigt, und der Richter sollte nun entscheiden, wer von beiden es mit mehr Recht sein durfte.

Immer noch, und wahrscheinlich bis ans Ende aller Zeiten, hört man in Deutschland und anderswo vom «deutschen Oberlehrer» reden, manchmal auch etwas zugespitzter vom «preußischen». Liebevoll ist das in keinem Fall gemeint, sondern als verächtliche Kennzeichnung von Menschen, die es nicht lassen können, anderen Leuten Fehler nachzuweisen und sie auf unnachsichtige, arrogante Art zu belehren. Der «häßliche Deutsche», der sich einen sicheren Platz in der Klischeesammlung der Welt (und ihrer Filme!) erarbeitet hat, ist in der Regel ein engstirniger, sturer Perfektionist und Verteidiger seines für überlegen gehaltenen Systems, vor allem dem von «Gesetz und Ordnung» – ein ewiger Besserwisser und Pedant.

Den Beamtentitel «Oberlehrer» gibt es schon lange nicht mehr, er gehörte zur preußisch-wilhelminischen Schule. Ein Teil der Oberlehrer erhielt nach langen Dienstjahren den Titel «Professor». Historisch gesehen war der typische Oberlehrer Philologe, lehrte vorwiegend Griechisch und Latein und neigte ein wenig zur Weltferne. Sein Wissen war oft dem der akademischen Forscher ebenbürtig, mitunter trieb er auch selbst Sprachstudien, sammelte jahrzehntelang Material für nützliche Nachschlagewerke. Mancher Oberlehrer war Reserveoffizier. Mit Parteipolitik wollte (und sollte) er nichts zu tun haben, hier übte er Enthaltsamkeit. Seine politische Überzeugung hielt sich in einem national-liberalen Rahmen, wurde allerdings etwa von 1900 an nationalistischer und pathetischer. Das knöchern-autoritäre Schreckgespenst aber, als das er speziell in der süd- und westdeutschen Überlieferung und, vom Ersten Weltkrieg an, auch in ausländischer Sicht erschien, ist der «preußische» Oberlehrer wohl nur in Ausnahmefällen wirklich gewesen. Gewiß, er dachte manchmal etwas eng und schrullig, aber ihn beherrschte die Hoffnung, anderen etwas fürs Leben beizubringen – da wollte er genau sein. Das heutige Schimpfwort tut ihm im Grunde unrecht. Aber es meint ja nicht mehr den Studienrat am Gymnasium. Es meint auch nicht mehr nur den dozierenden Besserwisser, sondern manchmal etwas geradezu Beängstigendes, was leider immer häufiger zu beobachten ist: eine bestimmte Art von Aggression, eine Bereitschaft zu fast jeder Verrücktheit, ein panisches Agieren, für das die Pädagogik allenfalls Auslöser oder Rechtfertigung ist. Man könnte hier vom wildgewordenen Oberlehrer, oft noch zutreffender vom zum Oberlehrer gewordenen Wilden sprechen.

Der 55jährige Schauspieler M. ist gegen die Vorherrschaft des Autoverkehrs und beklagt dessen zerstörerische Wirkung auf die Stadt, die er noch als Idylle mit weit geringerem Verkehr erlebt hat. Vor allem ärgert ihn, daß Autofahrer sich so gut wie alles herausnehmen: sie fahren zu schnell, achten nicht auf Radfahrer wie ihn, lassen an geschlossenen Bahnübergängen den Motor laufen und verpesten damit unnötig die Luft, parken auf dem Bürgersteig, so daß Fußgänger auf die Fahrbahn gehen müssen. Eines Tages tritt M. aus seinem Haus und sieht einen Wagen mit laufendem Motor auf dem Bürgersteig stehen – der Fahrer ist weit und breit nicht zu sehen. M. wartet eine Weile auf ihn, um ihm Vorhaltungen zu machen, aber der andere erscheint nicht, während M. immer zorniger wird – jede Sekunde läßt ihm die Unverschämtheit dieses Rowdies größer erscheinen. Plötzlich faßt M. einen Entschluß, sieht sich nach allen Seiten um, öffnet dann die Autotür, setzt sich ans Steuer, legt den Gang ein. Im selben Moment erkennt er im Rückspiegel eine Bewegung: der Fahrer kommt gelaufen! Reflexartig kuppelt M. ein, fährt mit Vollgas über den Bürgersteig davon, nimmt beinahe eine junge Mutter nebst Kinderwagen auf die Hörner – mit einem Schrei weicht sie wieder in den Hauseingang zurück, aus dem sie gerade herauswollte. Der Fahrer ist inzwischen hinter seinem Auto hergelaufen und versucht an den Türgriff zu kommen. Jetzt findet M. eine Lücke zwischen den parkenden Fahrzeugen, durch die er auf die Straße hinauskann, allerdings ist er dabei zu hastig, vorn rechts und hinten links kracht Blech in Blech. Mit heulendem Motor rast M. davon, fädelt sich in den Verkehr der Hauptstraße ein, blickt etwas zu

lange in den Rückspiegel, um zu sehen, ob der giganti-
sche Läufer immer noch hinter ihm her ist. Hier kracht
es endgültig: M. hat einen Verkehrsstau übersehen, dessen hinteres Ende von einem englischen Nobelauto gebildet wird, einem der teuersten Wagen der Welt.

«Ich wollte ihm eine Lehre erteilen», sagt Schauspieler
M. vor Gericht, «erstens wegen dieses unmöglichen Be-
nehmens auf dem Bürgersteig, und dann auch wegen
seiner Unvorsichtigkeit – ein laufender Motor fordert
ja den Diebstahl geradezu heraus. Kein Wunder, daß unsere Versicherungen immer teurer werden! Ich fühlte:
hier muß einmal gehandelt werden!»

Er hatte also, wie er es sah, dem Sünder nur etwas beizubringen versucht, indem er den Part des «Lebens»
übernahm – das bekanntlich grausam ist und Fehler bestraft.

Gelegenheit macht «Oberlehrer». Aber ach, das Leben
selbst ist der oberste aller Oberlehrer – und so kalt, so
verständnislos!

Friedrich Christian Delius
Fußballweltmeister

Lang ist es her, auch Deutschland war einmal ein armes Land. Da der Fußball eher ein Sport der armen als der reichen Leute ist, spiegeln sich in diesem Spiel, das zugleich Teamgeist und Individualismus verlangt und Star-Träume beflügelt, die Aufstiegs-Hoffnungen und die Werte einer Gesellschaft. Das Spiel, die Bälle zu treten und zu köpfen, seit den zwanziger und dreißiger Jahren in Deutschland populär, ist erst seit den fünfziger Jahren ein nationales Phänomen geworden, genau genommen seit dem Weltmeisterschaftssieg 1954.

Ein Volk, dessen große Mehrheit die Kapitulation 1945 nicht als Befreiung, sondern als Niederlage verstand, an der Niederlage und unbegriffenen Schuld würgte und mit dem Verdrängen seiner Verbrechen beschäftigt war, mußte sich irgendwo austoben. Zwischen den Trümmern der zerstörten Städte war viel Platz zum Spielen. Der Sport, der Fußball war ein solcher Ausgleich – zumindest für die Männer. Der Kampf um den «Endsieg», um Leben und Tod war vorbei, erleichtert durfte man endlich nur *Tore* schießen und um den *Sieg* spielen.

Als die deutsche Nationalmannschaft die Endrunde der Fußballweltmeisterschaft 1954 erreichte, steckte allen Deutschen die «Niederlage» von 1945 noch in den Knochen. Man freute sich, international wieder mitspielen zu dürfen. Es war eine Sensation, daß die Mannschaft dann als Außenseiter ins Finale vorstieß, gegen den hohen Favoriten Ungarn. 11 Kicker erkämpften in nassen, matschigen Trikots ein glückliches 3:2 – und mehr. Sie verwandelten das Selbstbild der Westdeutschen: Die Zeit der Niederlagen war vorbei, von nun an wurde auf Sieg gesetzt. Der Gewinn der Weltmeisterschaft am 4. Juli 1954 war die Initiation der jungen Bundesrepublik.

An jenem Sonntag saßen viele Westdeutsche zum ersten Mal vor einem Fernsehgerät – zu Dutzenden in Wirtshaussälen vor winzigen Bildschirmen. Millionen hörten die Übertragung am Radio. Millionen Fans in der DDR, damals Sowjetzone genannt, lauschten am Radio, überwiegend mit offener oder heimlicher Sympathie für die Westdeutschen. Die Weltmeisterschaft selbst wurde als «Wunder» gefeiert, als göttliches Geschenk also, ähnlich wie das «Wirtschaftswunder», der wirtschaftliche Aufstieg der fünfziger Jahre. Daß ein Fußballspiel als «Wunder» begriffen wurde, zeigt die psychosoziale Not der Durchschnittsdeutschen der Nachkriegszeit. Sie sehnten sich nach Erlösung und Zukunft, nach Befreiung von Schuld und Vergangenheit.

Man steckte tief im Kalten Krieg. Ein Jahr zuvor hatten sowjetische Panzer in Ost-Berlin den Aufstand der Arbeiter niedergewalzt. Die ungarischen Fußballspieler, seit über vier Jahren ungeschlagen, wurden, ob sie wollten oder nicht, dem Ostblock zugerechnet. Alle Welt, insbesondere die kommunistische, hatte einen klaren Sieg der Ungarn erwartet. Im Unentschieden des Kalten Kriegs war der Sieg der Westdeutschen auch ein Sieg des kapitalistischen, freien Westens – in Ungarn hätte es fast eine Revolte gegeben, und niemand war so verstört über die Niederlage der Ungarn wie der Radioreporter des DDR-Senders.

Seit dieser Identitätsfindung der Westdeutschen im Juli 1954 ist der Fußball zu einer ernsten nationalen Angelegenheit geworden. Seitdem erwarten die Zuschauer im Stadion und am Fernsehschirm, daß ihre Mannschaft wieder und wieder gewinnt. Als die deutschen Fußballspieler 1974 zum zweiten Mal Weltmeister wurden, war die Position der Bundesrepublik in der Welt so gefestigt, daß man den sportlichen Erfolg als Bestätigung des politischen nehmen konnte. Als 1990, im Jahr der deutschen

Vereinigung, wieder gewonnen wurde, war der Sieg fast peinlich. 1994 waren Spieler und Fans so sehr von der deutschen Weltmeisterschaftswürde überzeugt, daß sie bald (und mit Recht) für ihre Arroganz bestraft wurden – vom armen Außenseiter Bulgarien.

Der Mythos von 1954 wirkt bis in die heutige Fußball-begeisterung hinein – nicht zuletzt in die dumpf-natio-nalistische der Jung-Nazis. Warum evozieren die Auf-tritte einer Nationalmannschaft gerade in einem sich öffnenden Europa so viel Nationalismus? Es sind häufig die Arbeitslosen, die geistig und materiell Armen, die Verlierer der Gesellschaft, die sich am heftigsten mit den Millionären auf dem grünen Rasen identifizieren, die im Namen der Deutschen den Ball treten oder köpfen. Gerade die deutschen Fußballer leiden unter Gewinn-zwang, sie spielen kalkuliert, effizient, das heißt: sie *spielen* weniger (wie die Afrikaner und Lateinamerika-ner *spielen*), sie *arbeiten*. Zu den zivilen Tugenden, die die Deutschen nur schlecht gelernt haben, gehört: ver-lieren zu können. Das erfordert bekanntlich eine gewisse Ich-Stärke. Kein Wunder, daß die Verlierer der Gesell-schaft ihre Idole bei denen suchen, die es nicht ertragen können, nicht die Ersten, die Gewinner, die Weltmeister zu sein.

Fußball aber wird weiter gespielt, wie überall auf der Welt, mit erspielten oder erarbeiteten Siegen – und, zum Glück, mit Niederlagen und Unentschieden. «Der Ball ist rund», sagte der legendäre Bundestrainer von 1954, Sepp Herberger, und: «Das nächste Spiel ist immer das schwerste.»

Adolf Muschg
Philadelphia, Mark Brandenburg

Ich glaube nicht, daß ich mehr als einen Wegweiser gesehen habe, als wir zwei Jahre nach dem Fall der Mauer,
also noch verwundert, doch nicht mehr behindert –
von der Autobahnabzweigung Storkow (oder Markgrafpieske?) nach Süden abbogen, um durch den Märkischen
Wald Cottbus anzusteuern, zur Präsentation eines Buches ; und zu Fürst Pücklers Park. Da muß der Hinweis
schon bald aufgetaucht sein: PHILADELPHIA. Jedenfalls
habe ich meinen Begleiter, den Verleger, gefragt: eine
Herrnhutische Siedlung? Er, Sachse, wußte es nicht. Der
fromme Name vermochte uns nicht vom Weg abzulenken. Erst als ich ihn, in die Schweiz zurückgekehrt
und mit dem Entwurf einer deutsch-deutschen Rede beschäftigt, auf der Landkarte wiederfand, zündete er und
mußte ich's plötzlich wissen: woher, Philadelphia?
Eigentlich war es das kleiner gedruckte «Boston», das
mich ins Träumen brachte: damit war die biblische Assoziation endgültig zugunsten der amerikanischen ausgeräumt. Namen aus der Neuen Welt in diesem platten
Land, das nur dank regelmäßiger Kanäle kein Sumpf
war; Wiesen und weitläufige Weiden, kompakte Waldkulissen, spärliche Besiedelung: ich hatte sie im Gedächtnis, die einstöckigen Häuser, die zwischen roten
Ziegeln unscheinbares Fachwerk vorwiesen. Hie und da
war ein Eingang zum klassizistischen Portal aufgehöht,
unterstrich die Bescheidenheit eher, als sie zu stören:
so ähnlich mußte es in Philadelphia aussehen, etwas
dünn für ein märkisches Pennsylvanien. Dicht stand
hier nur die alte DDR-Melancholie, das Ende-der-Welt-
ohne-Ende-der-Langeweile-Gefühl. Wer hatte ein märkisches Nest mit seinem großen Namen beschwert?
Plötzlich begann der Ort, den ich nie gesehen habe, im

EIN MÄRKISCHES NEST

Licht eines möglichen Romans zu vibrieren, wurde zum Ausgangspunkt einer trotzigen Fiktion, in ihrer Absurdität politisch wohlgezielt: Warum sollte ein Autor (wenn nicht in Storkow, so doch in Leipzig oder am Prenzlauer Berg) den Ort mit dem opulenten Namen nicht früher entdeckt haben als ich? Und wie konnte er, wenn er in der damals noch immerwährenden DDR schrieb, *nicht* darauf kommen, daß hier die Gelegenheit zu einer Realsatire ersten Ranges am Wege lag? nur auf eine hinlänglich zweispitzige Feder wartete, um die Form einer exakt verkehrten Welt anzunehmen? Kein gewöhnlicher DDR-Sterblicher hatte ja doch jemals die Chance, das fabelhafte Philadelphia in Übersee kennenzulernen, (die Freiheitsglocke, die *Independence Hall*). Um so mehr aber ließ sich die historische *Declaration* gegen die eigenen Verhältnisse anwenden.

Von «Alle Menschen sind von Natur aus in gleicher Weise frei und unabhängig und besitzen bestimmte angeborene Rechte» bis zum «Genuß des Lebens» und, vor allem, zum *«pursuit of happiness»*. Nicht einmal die Zensur hätte meinen Autor hindern dürfen, dieses «Philadelphia» und «Boston» der DDR als Kontrapunkt einzuschwärzen, für Phantasien freizumachen, die ihre Realitätsbehauptung zur Kenntlichkeit entstellten. Platzen mußte er, wie ein brüchiges Korsett, am großen Atem eines Zauberworts! Das märkische Philadelphia krümelte vor dem transatlantischen, wie Bitterfeld vor New Orleans wie Karl-Marx-Stadt vor Hollywood... Moment! Und wenn der parteifromme Biedersinn diesen Schuh umkehrte? Wo blieben denn die sozialen Errungenschaften in *Gods Own Country*, wo die Kindertagestätten, der Schwangerschaftsurlaub, das Muttergeld, die Arbeitsplatzgarantie, die Sättigungsbeilage...? «Amerika, du hast es besser» – wo bitte? Ob jemand glaube, daß Hoyerswerda mit Detroit tauschen würde?

Philadelphia, PA, brannte, und Philadelphia, Kreis Storkow strahlte in seinem Kirchhoffrieden – so also ging es
nicht.

Aber so vielleicht: Mein DDR-Autor, Fachmann in
doppelten Böden, brauchte ja nur die *wahre* Geschichte
des märkischen Philadelphia nachzuerzählen. Und lauten
mußte sie wie folgt: Ein Häufchen Untertanen des sogenannten großen Königs, seiner Kriege müde, von ihrem
sumpf- und salzgesättigten Boden nicht unterhalten, er-
suchen Seine Majestät submissest um Entlassung. Wohin? Nach Amerika, halten zu Gnaden. – Sollte das auch
schon im 18. Jahrhundert ganz unmöglich gewesen sein?
War die Kralle des Alten Fritz nicht bekannt für das
Setzen heiterer Tupfer? Könnte das nicht eine der Anekdoten gewesen sein, mit denen er bei seinem Voltaire
reussieren konnte? *Père de la Prusse sans enfants, mais
généreux?* Was mußten die Kätner aus den Luchwiesen
tun, um freie Farmer in Pennsylvanien zu werden? Ein
zungenfertiger, auch der klassischen Schriften kundiger
Fürsprecher konnte ihrem Gesuch nicht schaden. Gesucht war etwa ein Poet aus der Mark, dieser tiefdeut-
schen Streusandbüchse, ein Moses, der seinem Pharao
den Auszug schmackhaft zu machen wußte, ein unwider-
stehliches Kompliment an die boshafte Humanität des
Landesherrn daraus drehte... Jude durfte er nicht sein.
Ein Pastorensohn? Oder müssen wir ihn, für besseres
Gehör, zwar in den Adelsstand erheben, in diesem aber
gleich wieder heruntergekommen sein lassen: ein Origi-
nal, das den König rührt, ohne ihn zu reizen? Nennen
wir ihn von Itzenplitz, gönnen wir ihm den Witz, den
ein Namenloser schuldig bleiben müßte, auch franzö-
sisch muß er ja reden, will er sich zu Sanssouci zeigen.
Also, Itzenplitz, bück Er sich nicht gleich, stell Er sich
an die Spitze Seiner Bauern, trag Er vor, Sein Vortrag
muß gefallen!

Er gefiel; Friedrich setzte noch einen drauf. Es behage ihm also nicht mehr in seinem Preußen? Man bemühe sich, das Votum gegen Seine Majestät nicht als Beleidigung, sondern in höherem Licht zu betrachten. Sie wollten also Republikaner heißen, die braven Kerls von – woher? Hammelstall? Stutgarten? Und ihre Weiber auch. Eine Sonnenblume ins Haar – und auf in die Neue Welt! Das könnte Ihm, Seiner Majestät, auch gefallen. Leider fessle Ihn die Pflicht – vielleicht habe man das Wort in Schafbrücken? Poggenpuhl? auch schon gehört. Andererseits wisse Man, selbst Republikaner im Geist, nicht, wie Man auf Landeskinder so ähnlicher Sinnesart verzichten sollte. Die Reise nach Amerika sei lang und lebensgefährlich. Da wisse Man ihnen etwas Klügeres. Wo wollte Er denn hin, Itzenplitz? Philadelphia? Da soll er auch hin, und seine Schäfchen mitnehmen, mitsamt den Böcklein. Auf, heim gen Philadelphia! Denn so heiße Hammelstall von dieser Stund. Ein Name so hochgesinnter Landeskinder würdig. Er führe sie jetzt noch ein wenig durch seinen Weinberg, und unterdessen verfertige der Sekretär das Dekret, die Gründungsurkunde einer Neuen Welt: Hammelstall werde Philadelphia. Wieviele Häupter zählten sie denn, beziehungsweise Seelen? Zehn. Dann hätten sie ja allen Grund, fruchtbar zu werden und sich zu mehren. So stehe es in der Bibel, die sie ja hoffentlich immer noch läsen. Und nach der Bibel heiße auch das andere Philadelphia. Sorg Er dafür, Itzenplitz, daß man in hundert Jahren nur noch von Seinem Philadelphia redet! Weiß Er auch, was es zu bedeuten hat? Bruderliebe, Itzenplitz. Ist griechisch. Also lieb Er Seine Brüder, aber mit Maß. Und was die Schwestern betrifft, da sei er auf der Hut und lasse sich nicht erwischen. Artige Trauben, nur zu sauer. Und da ist er ja schon, Euer Rezeß. *A la bonne heure!* Jeder wieder an seinen Pflug: die Republikaner nach Philadelphia, Monarch ins Kabinett und zu seiner Pflicht!

Da sind sie entlassen, die armen Leute, und Der von Itzenplitz muß ihnen zeigen, wie man zum Unglück passend schmunzelt, die gute Miene zum Spiel Seiner Majestät festhält, jedenfalls bis hinter die Tür. Die ist rückwärts buckelnd zu durchschreiten, wenn man sie endlich gefunden hat; und der Herr Lakai sorgt eine gute Weile dafür, daß man hinter geknicktem Rücken die Wände schon nahezu verzweifelt nach der rettenden Falle abtasten muß. Der Abgang des begnadigten Untertans. Mit dem Bürgerbrief seiner Schande in der Hand. Für den Spott wird man nicht zu sorgen brauchen. Schon in Stutgarten, im Gut Derer von Plotho – wie gedachte man eigentlich seiner Gutsherrschaft nach Amerika zu entrinnen, Itzenplitz?! – wird man Philadelphia «unaussprechlich» nennen und nun erst recht bei «Hammelstall» bleiben ... Seiner königlichen Majestät in die Zähne; man kann sich ja vorstellen, wie er sie bei diesem Hauptspaß gebleckt hat. Seine menschlichste Art, Zähne zu zeigen.

Das Ganze: eine Stücklein mehr vom Alten Fritz, demjenigen von den neunundneunzig Schafsköpfen nicht unwürdig, die er einem einfältigen Bittsteller an sein Haus nageln ließ, damit es gerade hundert würden, wenn dieser seinen eigenen Kopf herausstreckte.

Den letzten Teil dieser Anekdote habe ich vom Lehrer Willy Schälicke, der die Gründungsgeschichte seines Philadelphia etwas anders weiß. Gleich bleibt sich immerhin der königliche Taufpate. Nur schreibt dieser jetzt an den Rand der Bittschrift – auch die gibt es, aber ohne den Fürsprech Itzenplitz – «in großen Zügen» höchstselbst:

«Sie heißt Philadelphia».

Andere als *große* Züge des Großen Königs empfahlen sich für Lehrer Schälicke nicht zur Überlieferung. Denn auch seine Zeit, 1935, war groß. Zu Philadelphia hatte gerade ein zweiter Kolonisationsschub eingesetzt. Das Gut Stutgarten, (derer von Plotho) mit dem sechseckigen Treppenturm und der Zwiebelkuppel wurde zu Philadelphia geschlagen. Von «Hammelstall» ist (außer bei bösen Zungen in Storkow) keine Rede mehr. Einstweilen schafft sich das Volk ohne Raum solchen in den Luchwiesen, bevor es für mehr davon in die unerschöpflichen Weiten Russlands ausschweifen muß. Dafür wird Größe in jeder Preislage gebraucht, und auf dem Rückzug von der teuersten, wo man nur noch auf das Wunder des Alten Fritz warten kann. Lehrer Schälicke, nebenbei verdienter Heimatforscher, entwarf 1935 auch Philadelphia mit den «großen Zügen» der königlichen Gichthand. Und als Amerika Kriegsgegner wurde, und nicht einmal Roosevelts Tod das friderizianische Wunder erneuerte, war das pennsylvanische Philadelphia wieder Lichtjahre entfernt. Das märkische aber wurde russisch befreit, mußte lernen, sich vom Kriegsschutt zu ernähren, der in seinen Wäldern liegengeblieben war, und entwickelte sich – auferstanden aus Ruinen! – in den nächsten vierzig Jahren, zum DDR-weiten Hersteller von Paletten, genoß auch als MAS (= Maschinen-Ausleih-Station) eines guten sozialistischen Rufes.

Diese vierzig Jahre sind für Philadelphia nun auch vorbei. Aber der Name ist noch da.

Wer von Philadelphia (neues Bundesland Brandenburg) nach Philadelphia reisen will, braucht jetzt keine königliche Erlaubnis mehr dazu, nicht einmal einen DDR-Reisepaß. Nur eine Traumreise bei ALDI muß er gewinnen. Und Foto-PORST wird auch die Bilder der Wolkenkratzer naturgetreu entwickeln, die der neue Weltbürger nach Hause bringt. Es ist erreicht: Die Landschaften blühen, und Philadelphias Pointe verweht.

Gibt es eine wahre Geschichte zu seinem Namen, und will sie jetzt noch jemand wissen?

Die Wahrheit ist – ich habe sie von Reinhard Kiesewetter, 15526 Bad Salz Pieskow, der sie im «Beeskower Kreiskalender» deponiert hat – die Wahrheit ist, daß man sie nicht kennt. Die Siedlung Philadelphia ging jedenfalls auf die Initiative der verwitweten Rittmeisterin (Anna Margarethe) von Plotho zurück, die Friedrich II. um die Erlaubnis bat, «acht ausländische Familien» auf ihrem Land ansiedeln zu dürfen. Vorerst mit Erfolg, denn am 30. Juli 1754 wies der Landesherr seinen Oberamtmann Bütow zu Storkow und den Förster Reimer zu Colpinichen an, der Dame 136 Morgen Landes und Bauholz für acht Kolonistenhäuser zur Verfügung zu stellen. Daraus errichtete sie erst einmal ein Haus für sich selbst, und zwar ohne die 97 Taler, 12 Groschen zu bezahlen, die ihr der allerhöchste Haushälter für das Holz abforderte. Worauf das Ansiedlungsprojekt vorläufig platzte. Philadelphia wurde – ohne daß Kiesewetter über die Namensgebung das geringste verlauten läßt – erst 1768 gegründet; ein Datum, das die Bewohner in Verlegenheit brachte, als sie sich 1946 anschickten, *Zweihundert Jahre Philadelphia* festlich zu begehen. Kein Luxus für Leute, die vom Schrott ihres Unglücks leben mußten! Aber leider zwanzig Jahre zu früh, wie ihnen der Lehrer – immer noch Heimatforscher Schälicke? – eröffnen mußte. Man einigte sich «nach erregten Debatten und unter dem Siegel der Verschwiegenheit» auf 1772 als Gründungsjahr, um 1947 wenigstens 175 Jahre Philadelphia feiern zu dürfen. Da der Lehrer die Wahrheit diesmal für einen so guten Zweck zu biegen bereit war, will ich meinerseits die Adresse für bare Münze nehmen, die er 1935 die nach Hammelstall zugebrachten Neusiedler anno 1772 (oder wann immer) an ihren Großen König aufsetzen läßt

– auch ohne die Hilfe meines Itzenplitz, vielleicht gar ohne Erlaubnis Frau von Plothos.

Dieweil wir doch alle aus guten Bauerndörfern auf Allerhöchstdero freundliche Einladung hiehergekommen, auch zumeist Söhne und Töchter recht respektabler Eltern sind, gefällt es uns nicht sonderlich, hier in der neuen Heimat sogar einfach «Hammelstaller» zu heißen und zu sein. Da auch nicht ratsam scheint, uns mit dem allhier vorhandenen Rittergut Stutgarten gar zusammenzutun, wir vielmehr lieber unsere eigene Kolonie haben und bleiben möchten, so es unserem Allergnädigsten König gefällt, so möchten wir alleruntertänigst bitten, unserer Kolonie nach Höchstdero großer Weisheit einen anderen neuen Namen zu geben, als welcher in hiesiger niedriger Gegend noch gar nicht existiert...

Und selbst wenn wir nun auf die «großen Züge», mit denen die königliche Hand an den Rand geschrieben haben soll

«Sie heißt Philadelphia»

verzichten müßten – und damit wohl überhaupt auf eine Erklärung für den Namen, denn wenn der gewissenhafte Kiesewetter ihn dahingestellt sein läßt, wer dürfte es besser wissen? – bleibt dennoch buchenswert: Dieses zum Lachen kleine Philadelphia verdient nicht weniger eine Kolonie zu heißen als das monströse, zum Himmel und in die Hölle ausgewachsene. Es waren wirkliche Ausländer, die hierher versetzt wurden, auch wenn dies bei der allgemeinen Nähe der Grenzpfähle im altgewordenen deutschen Reich nicht viel sagen will: arme Teufel aus dem Sächsischen oder Hessischen, die, als Objekte kleinfürstlichen Menschenhandels, immerhin danach strebten, keine ganz traurigen Subjekte zu bleiben: Philadelphia!

Etwas, immerhin, wollte man sich nicht nehmen lassen: etwas wie Brüderschaft, wenigstens dem Namen nach. Den wählte man sich aus dem Vorrat der Menschheit, auch eine Nummer zu groß.

Wie tragen sie heute daran, die Bewohner von Philadelphia, wie steht er ihnen zu Gesicht? Da müßte man erst wissen, was für ein Gesicht die Leute, die man inzwischen ja wohl Ossis nennt, zu sich selber machen. Das wäre in einem kurzen Besuch nicht nachzuprüfen. Und doch muß ich ihn nachholen, wenn ich über Philadelphia (bei Storkow) nicht ganz fahrlässig gemutmaßt haben will!

Ist man da – mit dem Schrott der letzten zweihundert Jahre – endlich zum Schmied seines Glücks geworden? Fühlt man sich noch immer als Ausländer *in hiesiger niedriger Gegend*, oder schon wieder? Wie sähe das Beste aus, was man aus seinem großen Namen gemacht hat?

Ich schlage vor: Lehrer Schälickes Nachfolger, ein glücklich gewordener Ossi – dafür brauchen wir keinen Westfachmann mit Buschzulage! – baut mit seinen Schülern ein Modell des *richtigen* Philadelphia, sponsert sich dafür ein neues Heimatmuseum zusammen und weist gleich nach der Autobahnausfahrt (Storkow/Markgrafpieske) mit einem Billboard darauf hin: *Welcome to Philadelphia – Visit the Greatest City Inside the Smallest!* Kein Gast aus Übersee, der hier nicht abböge, um den urbanistischen Alptraum einmal in einer Form zu besichtigen, die das Fassungsvermögen nicht übersteigt. Da, auf dem Dorf, sieht man die Stadt wieder so, wie sie gewesen ist und sein sollte: im menschlichen Maßstab. Das märkische Philadelphia kommt als Gastgeber des überseeischen groß heraus, das heißt: weiß seine Kleinheit als Verkaufsschlager einzusetzen. Es erlebt – nach 1772, nach 1935 – eine Kolonisation der Dritten Art: seine Umsiedlung in die Welt der Bilder. Da wird die Drehung der Erde aufgehoben, die Geschichte umgekehrt: da zeigt sich die alte Welt als die neue, die neue-

ste. Philadelphia, PA, setzt sich keimfrei in den mär-
kischen Sand: da brennt nichts mehr an. Da werden
Schwarze so unsichtbar wie Juden und Türken. Da ist
Ostwest gleichviel wie Nordsüd. Keine deutsche Frage
mehr, keine deutschdeutsche, überhaupt keine Frage.
Wirklichkeit, welcher der Problemsaft entzogen ist, der
Stoff für Konflikte: Philadelphia. Nach der DDR-Nost-
algie die amerikanische. Und, danach: alles nur noch
Nostalgie. Nach uns selbst.

Wollten wir da nicht immer schon hin?

Die Autorinnen und Autoren des Buches

Ute Andresen: * 1940 Zeven (Lüneburger Heide); Dozentin; lebt in München und Erfurt; Bücher u. a. «So dumm sind sie nicht. Von der Würde der Kinder in der Schule» 1985.

Knut Borchardt: * 1929 Berlin; Professor für Wirtschaftsgeschichte und Volkswirtschaftslehre; lebt in Icking (Oberbayern); Bücher u. a. «Wachstum, Krisen, Handlungsspielräume der Wirtschaftspolitik; Studien zur Wirtschaftsgeschichte des 19. und 20. Jh.» 1982.

Elisabeth Borchers: * 1926 Homberg (Niederrhein); Dichterin, Übersetzerin, Lektorin; lebt in Frankfurt am Main; Bücher u. a. «Von der Grammatik des heutigen Tages» (Gedichte) 1992.

Heinz Czechowski: * 1935 Dresden; lebt z. Z. in Limburg (Lahn); Bücher u. a. «Kein näheres Zeichen» (Gedichte) 1987 und «Nachtspur» (Gedichte und Prosa) 1993.

Karl Dedecius: * 1921 Lodz; Schriftsteller und Übersetzer, Leiter des Deutschen Polen-Instituts; lebt in Frankfurt a. M.; Bücher u. a. «Lektion der Stille. Neue polnische Lyrik» 1959 und «Von Polens Poeten» 1988.

Friedrich Christian Delius: * 1943 Rom; Schriftsteller; lebt in Berlin; Bücher u. a. «Die Birnen von Ribbeck» 1991 und «Der Spaziergang von Rostock nach Syrakus» 1995.

Friedrich Dieckmann: * 1937 Landsberg (Warthe); Schriftsteller und Publizist; lebt in Berlin-Treptow; Bücher u. a. «Richard Wagner in Venedig» 1983 und «Wege durch Mitte. Stadterkundungen» 1995.

Caspar Faber: * 1958 Buenos Aires; Lehrer; lebt in Hamburg.

Walter Helmut Fritz: * 1929 Karlsruhe, wo er jetzt noch wohnt; Schriftsteller; Bücher u. a. «Zeit des Sehens» 1989 und «Gesammelte Gedichte 1979-1994».

Hans-Martin Gauger: * 1935 Freudenstadt (Schwarzwald); Professor für Romanische Sprachwissenschaft; lebt in Freiburg; Bücher u. a. «Davids Aufstieg. Erzählung» 1993 und «Über Sprache und Stil» 1995.

Günter Grass: * 1927 Danzig; Schriftsteller; lebt in Berlin; Bücher u. a. «Die Blechtrommel» 1959 und «Ein weites Feld» 1995.

Ludwig Harig: * 1927 Sulzbach (Saarland), wo er noch wohnt; Schriftsteller; Bücher u. a. die Romane «Weh dem, der aus der Reihe tanzt» 1990 und «Der Uhrwerker von Glarus» 1993.

Klaus Harpprecht: * 1927 Stuttgart; Journalist und Schriftsteller; lebt in La Croix Valmer (Frankreich); Bücher u. a. «Die Lust der Freiheit. Deutsche Revolutionäre in Paris» (Roman) 1989 und «Thomas Mann. Eine Biographie» 1995.

Hanno Helbling: * 1930 Zuoz (Engadin); Kritiker, Übersetzer, Publizist; lebt in Zürich und Rom; Bücher u. a. «Unterwegs nach Ithaka; Essays, Feuilletons, Reiseblätter» 1988 und «Tristans Liebe. Abendstücke» 1991.

Hartmut von Hentig: * 1925 Posen; Professor für Pädagogik; lebt in Berlin; Bücher u. a. «Die Schule neu denken. Eine zornige aber nicht eiternde, eine radikale aber nicht utopische Antwort auf Hoyerswerda und Mölln, Rostock und Solingen» 1993.

Georg Himmelheber: * 1929 Karlsruhe; Kunsthistoriker am Museum; lebt in München; veröffentlichte u. a. «Biedermeiermöbel» 1973 und «Kunst des Biedermeier» 1988.

Edgar Höricht: * 1921 Dannenberg; Gymnasiallehrer; lebt in Ebenhausen (Isartal).

Walter Jens: * 1923 Hamburg; Professor der Rhetorik; lebt in Tübingen; Bücher u. a. «Statt einer Literaturgeschichte» 1957/78 und «Republikanische Reden» 1976.

Ursula Krechel: * 1947 Trier; Schriftstellerin; lebt in

Frankfurt am Main; Bücher u. a. die Erzählung «Indianer des Gefühls» 1983.

James Krüss: * 1926 Helgoland; Schriftsteller; lebt auf Gran Canaria; Bücher u. a. «Mein Urgroßvater und ich» 1959 und «Meyers Buch vom Menschen und von seiner Erde» 1983.

Hans Maier: * 1931 Freiburg (Breisgau); Professor für Politische Wissenschaft; lebt in München; Bücher u. a. «Revolution und Kirche» 1959 und «Die christliche Zeitrechnung» 1991.

Jochen Missfeldt: * 1941 Satrup (Schleswig); Schriftsteller; lebt in Nordfriesland; Bücher u. a. «Solsbüll» (Roman) 1989.

Adolf Muschg: * 1934 Zollikon (Schweiz); Professor für Germanistik und Schriftsteller; lebt in Männedorf bei Zürich; Bücher u. a. die Romane «Albissers Grund» 1974 und «Der rote Ritter. Eine Geschichte von Parzivâl» 1993.

Sten Nadolny: * 1942 Zehdenick (Havel); lebt in München und Berlin; Bücher u. a. die Romane «Die Entdeckung der Langsamkeit» 1983 und «Ein Gott der Frechheit» 1994.

Leonie Ossowski: * 1925 Ober-Röhrsdorf (Schlesien); Schriftstellerin; lebt in Berlin; Bücher u. a. die Romane «Weichselkirschen» und «Wolfsbeeren» 1987.

Anny Osterland: * 1958 Hückelhoven (Nordrhein-Westfalen); Lehrerin; lebt in Bad Abbach.

Otfried Preußler: * 1923 Reichenberg (Böhmen); Schriftsteller; lebt in Stephanskirchen (Oberbayern); Bücher u. a. «Der Räuber Hotzenplotz» 1962, «Die Abenteuer des starken Wanja» 1968 und «Krabat» 1981.

Herbert Rosendorfer: * 1924 Bozen; Richter und Schriftsteller; lebt in Naumburg; Bücher u. a. «Briefe in die chinesische Vergangenheit» 1983 und «Die Goldenen Heiligen» 1992.

Sybil Gräfin Schönfeldt: * 1927 Bochum; Schriftstellerin, Journalistin und Übersetzerin; lebt in Hamburg; Bücher u. a. «Sonderappell. 1945 – Ein Mädchen berichtet» 1979.

Egon Schwarz: * 1922 Pressburg; Professor der Germanistik an der George Washington University in St. Louis, Mo. USA, wo er auch lebt; Bücher u. a. «Keine Zeit für Eichendorff. Chronik unfreiwilliger Wanderjahre» 1987.

Jörg Steiner: * 1930 Biel/Bienne (Schweiz); Schriftsteller; lebt in Biel; Bücher u. a. «Schnee bis in die Niederungen» (Erzählung) 1973 und «Weissenbach und die anderen» (Roman) 1994.

Guntram Vesper: * 1941 Frohburg (Sachsen); Schriftsteller; lebt in Göttingen; Bücher u. a. «Lichtversuche Dunkelkammer» (Prosa, Bericht, Essay) 1992 und «Die Erinnerung an die Erinnerung» (Gedichte) 1993. Der Text wurde vom Herausgeber leicht gekürzt.

Hugo Th. Vittermann: * 1925 Landin (Havelland); Lehrer; lebt in Berlin; Aufsätze in Der Gymnasiallehrer.

Günter Wallraff: * 1942 Burscheid; Schriftsteller; lebt in Köln; Bücher u. a. «Ihr da oben – wir da unten» 1973, «Der Aufmacher. Der Mann, der bei BILD Hans Esser war» 1977 und «Ganz unten» 1986.

Peter Wapnewski: * 1922 Kiel; Professor der Germanistik; lebt in Berlin; Bücher u. a. «Der traurige Gott. Richard Wagner in seinen Helden» 1978 und «Zumutungen. Essays zur Literatur des 20. Jh.» 1979.

Eva Zeller: * 1923 Eberswalde; Schriftstellerin; lebt in Heidelberg; Bücher u. a. «Nein und Amen. Autobiographischer Roman» 1986. Der vorliegende Text erscheint abgewandelt 1996 in dem Buch «Warum denn ich? Auf den Spuren der Katharina von Bora».

Inhalt